RÉGIME DES EAUX.

T. V.

OUVRAGES DU MÊME AUTEUR

Qui se trouvent à la même adresse.

RÉGIME DES EAUX, ETC. 3e *édition.* 4 vol. in-8°. Prix : 17 fr. et 22 fr. par la poste.

TRAITÉ DES CHEMINS DE TOUTE ESPÈCE, comprenant les grandes routes, les chemins vicinaux, rues et places publiques, arbres, haies, fossés, alignemens, règlemens de voirie. 4e *édition.* 1 vol. in-8°. Prix : 7 et 10 fr. par la poste.

SUPPLÉMENT AU TRAITÉ DES CHEMINS, contenant un commentaire de la loi du 21 mai 1836 sur les chemins vicinaux et de nombreuses additions au traité. Prix : 3 fr. et 4 fr. par la poste.

TRAITÉ DES ACTIONS POSSESSOIRES. 3e *édition.* 1 vol. in-8°. Prix : 6 fr. et 8 fr. par la poste.

COMMENTAIRE des lois des 29 avril 1845 et 11 juillet 1847 sur les irrigations, avec un extrait des législations étrangères sur le même sujet. Prix : 3 fr. et 3 fr. 50 c. par la poste.

Paris, imprimerie de PILLET FILS AINÉ, rue des Grands-Augustins, 5.

RÉGIME
DES EAUX,

OU

TRAITÉ DES EAUX DE LA MER,

DES FLEUVES,

RIVIÈRES NAVIGABLES ET FLOTTABLES

Et autres Eaux de toute espèce non navigables ni flottables.

PAR

F.-X.-P. GARNIER,

Avocat à la Cour d'appel de Paris, ancien Président du Conseil de l'ordre des Avocats au Conseil d'État et à la Cour de Cassation, Membre de la Légion-d'Honneur, de la Société philotechnique, et de plusieurs autres Sociétés savantes.

TOME CINQUIEME

Contenant un supplément aux trois précédentes éditions.

PARIS,

CHEZ L'ÉDITEUR, RUE DE TOURNON, 14.

1851

SUPPLÉMENT

A LA TROISIÈME ÉDITION

DU RÉGIME DES EAUX

NAVIGABLES OU NON NAVIGABLES NI FLOTTABLES

Où sont traitées

Les questions principales

SUR CETTE MATIÈRE.

OBSERVATIONS PRÉLIMINAIRES.

Les graves inconvéniens de l'insuffisance et du vice de la législation sur les cours d'eau non navigables ni flottables, que nous avons signalés n°674 de notre *Régime des Eaux*, et qu'augmentent encore la marche incertaine des ingénieurs et de l'administration et les contradictions de la jurisprudence, ont été depuis longtemps reconnus par les meilleurs esprits qui ont pensé qu'une réforme était nécessaire. Le gouvernement provisoire, né de la révolution de février 1848, a partagé ce sentiment, et dès le mois d'avril suivant, le ministre de l'agriculture et du commerce instituait une commission de 9 membres (1) pour réviser la législation des eaux et proposer les améliorations dont elle la croirait susceptible. Je fus nommé membre de cette commission (2) qui se mit à l'œuvre sur-le-champ. Après de nombreuses séances, après des discussions générales et spéciales sur l'ensemble du système et sur les questions capitales, je fus chargé de la rédaction d'un projet que je devais formuler en articles de loi. Je m'en occupai avec ardeur et j'apportai bientôt à la commission un projet en 40 articles; ce travail, j'en conviens, était bien imparfait : ce n'était qu'une ébauche, un canevas pour servir de base à la discussion qui devait l'améliorer

---

(1) Je n'avais point sollicité cet honneur, et l'on ne m'avait pas même consulté pour savoir si je pourrais l'accepter. J'appris ma nomination par le *Moniteur* et le *Journal des Débats*. Le lendemain, je reçus une lettre du ministre qui, en m'en donnant avis, me dit qu'il espérait que je consentirais à faire partie de la commission. Je répondis que j'acceptais, avec d'autant plus d'empressement, qu'il s'agissait d'une fonction gratuite, d'un service à rendre au pays, d'un acte de dévouement. En effet, la tâche était difficile et le fardeau très-lourd. J'étais bien résolu à ne rien négliger pour procurer à l'agriculture et à l'industrie tous les moyens de profiter des ressources immenses qu'elles peuvent trouver dans un régime des eaux sagement et largement organisé.

(2) La commission était ainsi composée : MM. Duvergier, Championnière, Brière de Mondetour, Poirée, Nadault de Buffon, Wissocq, d'Esterno, Mauny de Mornay et Garnier.

considérablement. La discussion commença ; mais elle fut bientôt interrompue par des absences et des démissions qui laissèrent la commission incomplète. J'entre dans ces détails pour répondre à quelques attaques dont la commission a été l'objet, pour prouver qu'elle a apporté beaucoup de zèle dans ses travaux, et que s'ils ont été interrompus, ce n'est la faute de personne.

Toutefois, il serait fort désirable que la commission fût complétée et mise à même de reprendre son œuvre. Ce serait rendre un grand service au pays que de tirer le régime des eaux du chaos où il est plongé. Il y a beaucoup à faire, et nous croyons qu'avec du zèle, du dévouement, on pourrait obtenir d'excellens résultats.

En attendant la réalisation de nos vœux, nous avons cru utile d'offrir au public, comme complément de notre ouvrage principal, un opuscule où sont traitées les principales difficultés de la matière, notamment sur les moulins et les usines, leur établissement, leur réglementation, les droits et les devoirs qui en résultent, sur la proprieté des eaux et de leur lit, les eaux thermales, les divers usages qu'on en peut faire, les irrigations, les étangs, la pêche, la compétence des autorités, etc. Nous avons eu occasion aussi de traiter plusieurs questions importantes relatives aux rivières et canaux navigables et flottables, de sorte qu'on peut dire que le travail que nous publions, est un supplément aux deux parties de notre *Régime des eaux*.

T. III, p. 7, après la 22e ligne, ajoutez :

Nous avons fait consacrer ce principe par arrêt du Conseil en date du 26 juillet 1844, rendu sur le pourvoi de M. de Dauvet, poursuivi pour avoir fait réparer une brèche occasionnée à l'une des rives de ses prairies bordant la rivière flottable de l'Iton, par l'irruption des eaux ou le passage des trains de bois. Au surplus, c'est là un principe généralement admis par le Conseil-d'Etat. Car nous avons vu que d'après sa jurisprudence constante, les propriétaires de moulins et usines, même sur rivières navigables et flottables, pouvaient y faire, sans autorisation, les travaux et réparations nécessaires, mais à leurs risques et périls et sans anticipation sur le cours des eaux.

Il a été décidé, avec raison, en faveur du sieur Bouillant-Dupont, le 8 avril 1847, au Conseil-d'Etat, qu'un riverain ne pouvait être condamné, sous peine d'amende, à réparer les berges d'une rivière flottable quand il articulait que les dégradations provenaient du fait des tiers, du flottage et autres circonstances. (Voy. encore arrêt de cassation, 20 mars 1848.)

Le 23 juillet 1844, le Conseil-d'Etat avait rendu, en faveur de M. de Dauvet, déjà nommé, un autre arrêt qui décide que le propriétaire d'un moulin alimenté par une dérivation ou prise d'eau faite à la rivière flottable, peut, sans autorisation, combler le canal de son moulin et rendre les eaux au lit ordinaire.

T. III, p. 8, à la 22e ligne, après le mot administrative, ajoutez :

C'est ce qui a été reconnu dans une affaire concernant M. de Luppé, propriétaire riverain de la Garonne. Le préfet, par un arrêté qui reçut la sanction du ministre des travaux publics, avait prescrit de n'établir les digues qu'à deux kilomètres environ des bords du fleuve, sous prétexte que dans les crues extraordinaires, les digues plus rapprochées étaient nuisibles à l'intérêt public.

Nous fûmes chargé d'attaquer cette mesure devant le Conseil-d'Etat. Nous démontrâmes facilement qu'elle renfermait un excès de pouvoir en imposant à la propriété privée une servitude inconnue jusqu'alors. Nous fîmes remarquer que la liberté des héritages est de droit commun ;

qu'ils ne peuvent être grevés de charges quelconques qu'en vertu de lois ou de conventions; que l'ordonnance de 1669, les anciens et nouveaux règlemens n'imposent aux riverains des fleuves et rivières navigables ou flottables qu'une servitude de 30 pieds, savoir : 24 pieds pour le halage et 6 pieds de supplément ou 4 pieds sur les bords des petites rivières ou ruisseaux flottables à bûches perdues; mais qu'ils sont formellement autorisés à planter ou construire au-delà. M. le ministre des travaux publics reconnut la justice de cette réclamation, invita le préfet à rapporter son arrêté, ce qu'il fit. Le ministre déclara en outre au Conseil-d'Etat qu'au moyen de cette nouvelle mesure, le pourvoi de M. de Luppé était devenu sans objet et le Conseil, par décision rendue sur la plaidoirie de M. Avisse, mon successeur à la Cour de cassation et au Conseil-d'Etat, déclara par ce motif, n'y avoir lieu à statuer.

Les mêmes principes s'appliqueraient bien certainement aux propriétaires d'héritages riverains de cours d'eau non navigables ni flottables qui, n'étant assujettis à aucune servitude de halage ou passage, pourraient faire leurs travaux au bord de ce cours d'eau. (Voyez d'ailleurs Ar. cons., 2 février 1850.)

T. III, p. 10, après la 19e ligne, ajoutez :

Du reste, il est bien entendu que la digue existante le long d'une rivière navigable, appartient au particulier sur le terrain duquel elle a été construite, même par l'Etat, sans expropriation et indemnité préalable, à la charge par ce particulier de supporter l'exercice du droit de servitude nécessaire au maintien de l'endiguement et de ne rien faire qui lui soit contraire.

Nous trouvons cette décision dans un arrêt de la Cour de cassation, chambre des requêtes du 28 mars 1848 (1), portant rejet d'un pourvoi formé par le domaine contre un arrêt de la Cour de Nancy qui avait reconnu la dame Grandidier propriétaire d'une digue le long de la Meurthe.

T. III, p. 11, après le n° 677, ajoutez :

Nous avons toujours dit, et nous persistons à penser, que les riverains peuvent, sans autorisation préalable, faire des prises d'eau et des barrages pour l'exercice de leur droit d'irrigation, lorsqu'il n'existe pas de règlemens administratifs exigeant cette autorisation; qu'alors

---

(1) De Villeneuve et Carette. 1848, I, p. 337.

les auteurs de ces innovations sont seulement exposés à des réclamations judiciaires ou administratives de la part des autres riverains aux droits desquels ces travaux porteraient préjudice.

Cependant un arrêt du Conseil du 20 mai 1843, rendu sur le pourvoi du sieur Bonneau, semble, par la généralité de ses termes, poser le principe absolu de la nécessité d'une autorisation préalable; mais en lisant avec attention les faits de l'espèce dans laquelle il a été rendu, on reconnaît que le préfet n'avait ordonné la suppression du barrage que parce qu'il était nuisible à un usinier voisin, en faisant obstacle au libre écoulement de l'eau, ou en détournant une partie de son volume. C'est donc toujours à la question de nocuité qu'il faut en revenir. Jamais l'administration ne se décidéra à intervenir entre deux particuliers pour la conservation et l'application d'un principe théorique. Elle ne le fera que quand il y aura préjudice causé à l'intérêt général. Aucune loi ne pourrait être invoquée à l'appui de la prétention de faire détruire une prise d'eau et un barrage par cela seul qu'ils n'ont pas été préalablement autorisés, lors même qu'ils ne sont nuisibles à personne. Aucune peine ne pourrait être prononcée pour l'exécution de semblables travaux dans ce cas spécial et limité.

Le n° 15 de l'art. 471, prononçant une peine de 1 à 5 fr. pour contravention aux règlemens légalement faits par l'autorité administrative, suppose l'existence d'un règlement prohibitif de tout établissement de barrage ou prise d'eau, sans autorisation préalable, et les art. 640 à 645 du Code civil permettent les dérivations et travaux nécessaires pour user du droit qu'ils consacrent, et n'interdisent que les mesures nuisibles. Le riverain fait donc les travaux à ses périls et risques, et s'expose à leur destruction lorsqu'ils sont nuisibles; destruction qui peut être prononcée soit par les tribunaux, soit par l'autorité administrative qui a reçu de la loi du 12-20 août 1790 le pouvoir et l'obligation d'assurer le libre cours des eaux, et de veiller à ce qu'elles reçoivent une destination conforme à l'intérêt général.

Du reste, l'administration a indubitablement, d'après la loi précitée, le pouvoir de faire des règlements sur le mode d'irrigation et d'y insérer la défense de faire des prises d'eau et barrages sans autorisation préalable, même lorsqu'il s'agit de rivières non navigables ni flottables, de simples ruisseaux; la Cour de cassation l'a reconnu par plusieurs arrêts, notamment par celui du 9 mai 1843, rendu sur le pourvoi du sieur Ansiaume, par celui du 6 janvier 1844, sur le pourvoi du ministère public contre la veuve Perriod, et par celui du 13 juillet 1850, sur le pourvoi du ministère public contre la veuve Bonnet.

Ces pourvois auraient pu faire naître une autre question, celle de savoir si les règlemens généraux, comme étaient ceux qu'on opposait au sieur Ansiaume, à la veuve Perriod et à la veuve Bonnet, avaient pu être légalement faits par les préfets, ou s'ils ne devaient être exécutés qu'après approbation par le pouvoir souverain. Il ne parait pas que cette difficulté ait été soulevée; si elle l'avait été, on aurait pu répondre par le pouvoir que les préfets ont reçu de la loi du 12-20 août 1790, et par le principe que leurs arrêtés doivent être exécutés *provisoirement;* on trouve même le premier de ces motifs dans le dernier arrêt, celui du 13 juillet 1850.

T. III, p. 12, *après le n°* 678, *ajoutez :*

Un arrêt de la Cour de cassation, du 26 mars 1844, a décidé qu'un propriétaire ne pouvait, pour procurer à son fonds une irrigation plus complète que par le passé, y exécuter des travaux et donner aux eaux une direction qui les faisait filtrer dans la cave de son voisin. Il en eût été différemment si l'infiltration eût été naturelle, c'est-à-dire si elle n'avait pu être attribuée aux travaux, nivellemens et enlèvemens de terre exécutés par le propriétaire du pré.

T. III, p. 19, *après le n°* 683, *ajoutez :*

Nous trouvons au Recueil de MM. de Villeneuve et Carette, 1845, II, p. 337 et 338; et 1848, II, p. 394, 4 arrêts des 18 mars 1839, 8 juin 1841 (Cour de Rouen), 3 mars 1845 (Douai), et 12 avril 1848 (Bordeaux), qui décident, en effet, que le propriétaire de la source lui-même et, à plus forte raison, les inférieurs ne peuvent envoyer aux propriétaires, en aval, les eaux gâtées, salies et impropres à leur usage.

Il s'agissait, dans l'une des espèces, d'une teinturerie; dans l'autre, d'une papeterie alimentée par un cours d'eau où l'industriel mettait des chiffons à pourrir; dans la troisième, du déversement des eaux d'un trou à fumier et des résidus d'une brasserie; dans la quatrième, du déversement des résidus d'une fabrique de drap, d'un fouloir et d'une teinturerie nuisible à l'industrie des voisins. Du reste, la Cour de Rouen a fait deux parts du cours d'eau : moitié pour le propriétaire de la source qui pourrait se servir des eaux à tel usage qu'il voudrait, et l'autre moitié pour les inférieurs auxquels il devait les envoyer dans leur état de pureté naturelle. C'est un règlement assez équitable et que nous paraît autoriser l'art. 645 du Code civil.

L'arrêt de Bordeaux juge, en outre, avec raison, qu'un simple locataire d'établissement sur cours d'eau ne pouvait demander un règlement d'eau sans l'assistance du propriétaire. Cette solution s'appliquerait également à une demande de règlement d'eau d'irrigation, et à celle à fin d'exécution des lois des 29 avril 1845 et 11 juillet 1847. (Voy. p. 43 de ce *supplément.*)

La jurisprudence du Conseil-d'Etat nous offre plusieurs exemples de décisions analogues.

Ainsi, deux arrêts des 8 avril et 30 juillet 1846 (1) ont refusé d'autoriser des lavoirs à laine sur des ruisseaux traversant une commune rurale et une ville, en se fondant sur les inconvéniens que ces établissemens entraîneraient en altérant la pureté, la salubrité des eaux, qui ne pourraient plus servir aux besoins des hommes et des bestiaux ; décision pareille par même motif, par arrêt du Conseil, du 12 mars 1846, dans une espèce où il s'agissait d'une tannerie ; autre décision semblable, le 11 mars 1850, sur le recours du sieur Paufichet, et fondée sur ce que le mélange des eaux ayant servi à sa tannerie, avec celles d'un ruisseau, d'un lavoir et

---

(1) Recueil des arrêts du conseil, de Félix Lebon et Gauté, 1846, p. 236 et 430.

d'une fontaine publics, salirait et corromprait ces eaux, et nuirait ainsi à des particuliers, propriétaires voisins, et à la commune. Au contraire, par trois arrêts du Conseil, des 27 avril et 21 mai 1847 et 15 septembre 1848 (1), des établissemens de tannerie, de mégisserie et de peignages de laine ont été autorisés, comme n'exerçant que très-peu ou même point d'action nuisible sur les eaux.

M. Avisse s'occupe d'un travail fort étendu sur les établissements industriels, dont le premier volume, comprenant notamment les ateliers et manufactures dangereux, insalubres et incommodes, sera incessamment publié.

T. III, p. 22, *après le n°* 687, *ajoutez :*

Nous trouvons l'application de ces principes dans l'espèce d'un arrêt de la Cour de cassation en date du 31 mai 1848 (1), rendu sur le pourvoi de la dame Bareau. Il était constaté notamment que par suite des travaux du sieur Servois, propriétaire d'un fonds supérieur, les eaux qui s'écoulaient sur l'héritage de la demanderesse avaient un cours plus continu et plus abondant; mais il était constaté aussi d'au-

---

(2) Voir le même recueil, 1837, p. 256 et 307; 1848, p. 557.

(1) De Villeneuve et Carette, 1848, I, p. 716.

tre part, que ces travaux étaient motivés par la nécessité de débarrasser le fonds supérieur des eaux qui l'inondaient, par le besoin de la culture; que la dame Bareau n'éprouvait aucun dommage réel, et que l'inondation dont elle se plaignait et qu'elle eût toujours été obligée de supporter, devait être attribuée bien moins aux travaux exécutés par le sieur Servois, qu'à des ouvrages faits par la dame Bareau elle-même.

T. III, p. 29, *après le n°* 694, *ajoutez :*

Un arrêt de la Cour de cassation, du 20 juin 1842, rendu sur le pourvoi du sieur Couffinhal, reconnaît le principe que tout propriétaire a droit de faire surgir une source dans son fonds, même en coupant les veines qui alimentent la fontaine d'un voisin; mais il reconnaît en même temps que les particuliers peuvent, par des conventions, renoncer à cette faculté, et que si, au mépris des dispositions prohibitives, ils font des fouilles qui aient pour résultat de couper les veines d'une source, ils doivent être condamnés à rétablir l'ancien état des choses à leurs frais et à des dommages-intérêts pour réparation du préjudice causé par l'infraction à leurs engagemens.

T. III, p. 34, après le n° 702, ajoutez :

Nous trouvons de fréquentes applications de ces principes dans la jurisprudence du Conseil-d'Etat. On peut voir notamment trois arrêts du Conseil, des 27 avril, 21 mai 1847 et 15 septembre 1848, par nous cités p. 13 de ce *Supplément.*

T. III, p. 41, après le n° 710, ajoutez :

Il est certain, en effet, que les travaux de détournement des eaux peuvent être exécutés sur une partie quelconque du fonds où naît la source, même à l'extrémité opposée au point où elle surgit, et qu'il n'est pas exigé que ces travaux soient faits à l'endroit où elle sort du sein de la terre ; dans l'exemple que nous avons proposé, nous supposons bien que le canal qui sera construit sous le chemin, commencera sur le fonds où naît la source. C'est là une condition essentielle. Il faut toujours que ces travaux soient exécutés sur une partie de ce fonds. A cette condition, le propriétaire de la source peut changer la direction des eaux, et, en obtenant le consentement des propriétaires voisins, quelque nombreux qu'ils soient, les faire couler sur leurs héritages et en priver ceux qui en jouissaient antérieurement. Il y aurait plus de difficulté si le propriétaire du fonds sourcier exécutait ses travaux de détournement sur un fonds inférieur et contigu au premier qu'il y aurait récemment réuni par succession, donation ou par acquisition à titre onéreux.

Cependant, nous croyons que ce nouveau fonds se trouverait incorporé au premier dont il serait censé faire partie intégrante, et comme l'eau de la source ne cesse d'appartenir au propriétaire du fonds où elle surgit que quand elle en est sortie, et ne devient commune aux riverains que lorsqu'elle est entrée sur les héritages inférieurs, nous pensons que les travaux de détournement pourraient être utilement exécutés sur le fonds ajouté. A quoi servirait d'ailleurs une interdiction? ne pourrait-on pas toujours s'y soustraire en commençant les canaux sur le premier fonds et les prolongeant sur le second? Cette entrave n'aboutirait donc, en dernière analyse, qu'à augmenter la dépense sans profit pour personne. Il en serait autrement, bien entendu, si ce fonds était resté la propriété d'un tiers, ou si l'héritage acheté par le propriétaire du fonds sourcier, au lieu d'être contigu, était séparé de celui-ci par la propriété d'un tiers, même par un chemin vicinal, et que ce fût sur le fonds nouvellement acquis que se fissent les travaux; car ce serait alors un riverain ordinaire qui détruirait les avantages, les possessions des autres riverains ayant autant de droits que lui à raison des divers héritages engagés dans le débat. La Cour de cassation l'a ainsi jugé (1), avec raison, dans une espèce où, à la vérité, les innovations tendaient à priver une commune, entre autres propriétaires riverains, de l'usage d'un lavoir et sur une action en complainte possessoire; mais la généralité des motifs de l'arrêt et la saine raison disent assez que la décision eût été identique lors même qu'une commune n'y eût pas été intéressée et qu'il se fût agi d'une action pétitoire.

T. III, p. 52, *après le n°* 717, *ajoutez :*

Mais comme nous le verrons ailleurs, il y a exception à ce droit de disposition des eaux pluviales ou vicinales par le premier occupant lorsqu'il existe une stipulation contraire, une destination de père de famille ou prescription acquise par l'inférieur.

T. III, p. 71, *après le n°* 729, *ajoutez :*

Un arrêt de la Cour de cassation, chambre des requêtes, du 15 avril 1845, a, de nouveau et plus formellement encore, consacré le principe que les travaux apparens nécessaires pour la

(1) Arrêt du 28 mars 1849. De Villeneuve, 1849, I, p. 503.

prescription, doivent avoir été exécutés par le propriétaire inférieur sur le fonds du propriétaire de la source.

L'eau d'une source, qui prend naissance dans la propriété du sieur de Rozan, est conduite par une rigole dans la propriété inférieure du sieur Bourceret; celui-ci a entretenu et réparé cette rigole. Se prétendant troublé par le propriétaire de la source dans la possession annale qu'il disait avoir, il lui intenta action possessoire; accueillie en justice de paix, elle fut repoussée en appel, par le motif que, bien que le sieur Bourceret eût une jouissance annale et qu'il eût entretenu et réparé la rigole, ces faits ne constituaient pas une possession valable, faute de preuve que la rigole ait été établie par Bourceret ou ses auteurs. Sur le pourvoi, rejet, « attendu, en droit, que de l'existence seule d'ouvrages apparens faits et terminés par le propriétaire inférieur sur le fonds du propriétaire de la source, peut naître une servitude sur l'héritage de ce dernier; qu'en l'absence de ces ouvrages qui, seuls, peuvent servir de point de départ à la prescription, l'action possessoire du propriétaire inférieur ne saurait être accueillie. »

T. III, p. 78, après la 19e ligne, ajoutez :

Ces principes ont été consacrés par un arrêt

de la chambre des requêtes de la Cour de cassation, en date du 15 janvier 1849, plus explicite encore que celui de la chambre criminelle, du 5 novembre 1825. Il est évident, en effet, que le propriétaire de la source qui, en général, a droit de disposer d'une manière absolue des eaux qui en découlent, d'en changer l'usage et la direction, ne pouvant, d'après l'art. 643, en disposer au détriment d'une communauté d'habitans, une prohibition analogue doit, à plus forte raison, frapper les propriétaires des fonds inférieurs qui n'ont pas un droit aussi étendu, et qu'il ne servirait à rien d'interdire la disposition des eaux au propriétaire de la source si une défense corrélative n'atteignait les propriétaires des fonds inférieurs; car les conséquences seraient les mêmes pour les habitans qui seraient privés des eaux, sinon par le propriétaire de la source, au moins par les propriétaires de fonds inférieurs à celui-ci, mais supérieurs aux habitans.

T. III, p. 103, après le n° 757; ajoutez :

Un arrêt du Conseil-d'Etat, du 30 juin 1843, semble préjuger que l'autorité municipale, le préfet, le ministre des travaux publics luimême, ne peuvent interdire les fouilles dans le voisinage d'un établissement thermal, et un arrêt de la Cour de cassation, chambre criminelle, du 13 avril 1844, l'a ainsi expressément décidé.

Plusieurs projets de loi, ayant pour objet d'interdire ces fouilles, ont échoué. Un premier projet, présenté par le gouvernement en 1837, adopté par la chambre des pairs, a été rejeté par celle des députés. En 1846, le contraire arriva : un autre projet, adopté d'abord par la chambre des députés, fut repoussé par la chambre des pairs. Enfin, un troisième projet avait été présenté à la chambre des pairs dans le mois de février 1847. Cette chambre paraît ne s'en être guère occupée; car il y avait un an qu'il lui avait été soumis, sans qu'il y eût même un rapporteur nommé, lorsqu'éclata la révolution de février. Le gouvernement provisoire rendit, le 8 mars 1848, un décret ainsi conçu :

« Le gouvernement provisoire, sur le rapport du ministre provisoire de l'agriculture et du commerce,

« Considérant que les sources d'eaux minérales constituent une richesse publique, dont la conservation n'importe pas moins à l'humanité qu'à l'intérêt national, voulant prévenir les tentatives qui pourraient compromettre l'existence de ces établissemens,

« Attendu l'urgence,

« Décrète : — Art. Ier. Aucun sondage, aucun travail souterrain ne pourront être pratiqués sans l'autorisation préalable du préfet du département, dans un périmètre de mille mètres au moins de rayon autour de chacune des sources d'eaux minérales dont l'exploitation aura été régulièrement autorisée.

« Cette autorisation ne sera délivrée que sur l'avis de l'ingénieur des mines du département et du médecin inspecteur de l'établissement thermal.

« 2. Le ministre provisoire de l'agriculture et du commerce est chargé de l'exécution du présent décret. »

Aucune loi, aucun décret n'étant intervenus depuis le décret que nous venons de transcrire, pour l'abroger, le modifier ou l'étendre, il est toujours en vigueur et doit continuer à recevoir son application sans qu'on puisse en contester la force, l'autorité légale; toutes les fois que l'on a voulu abroger un décret du gouvernement provisoire, on a provoqué et fait rendre une loi spéciale. Le décret du 8 mars doit donc être, aujourd'hui, la règle générale obligatoire pour tous les établissemens thermaux et les propriétaires voisins, comme le décret impérial du 30 prairial an XII, spécialement applicable à l'établissement thermal de Barèges, est obligatoire pour les voisins de cet établissement.

On ne pourrait opposer, comme contraire à cette opinion, un arrêt de la Cour de cassation, chambre civile, en date du 4 décembre 1849, rendu entre les sieurs Mercader, Couderc et Lacvivier, car la cause du procès jugé par cet arrêt était antérieure au décret du gouvernement provisoire, puisque les fouilles avaient eu lieu en 1843, ainsi que le fit remarquer l'avocat du sieur Mercader dans le développement de ses moyens de cassation. D'ailleurs, on ne voit pas qu'il soit dit dans les faits que les fouilles avaient eu lieu dans la distance de mille mètres de l'établissement thermal.

Tout ce qui peut résulter de cet arrêt de cassation, malgré la généralité de ses expressions, c'est qu'avant le décret du 8 mars il n'existait ni loi, ni règlement légalement obligatoire, prohibant les fouilles qui sont de droit commun; et, par la manière dont il est motivé, il reconnaît qu'un règlement comme serait, par exemple, un décret du chef du pouvoir exécutif, rendu dans les formes légales, serait obligatoire.

Voici, au surplus, l'espèce et l'arrêt :

Les sieurs Couderc et Lacvivier sont propriétaires dans la commune de Vernet (Pyrénées-Orientales) d'un grand établissement thermal. Le titre originaire est un acte de 1788, par lequel l'abbé de St-Martin céda l'établissement, à titre d'emphytéose, à un sieur Barréra, aux droits duquel sont les propriétaires actuels.

Le sieur Mercader possède, dans les environs, un établissement du même genre. En 1843, il acquit d'un sieur Pideil, propriétaire voisin, le droit de faire des fouilles dans le fonds de ce dernier, dans le but de chercher les sources dont il avait besoin pour le service de son établissement; mais les travaux et les fouilles que le sieur Mercader fit exécuter ayant pour résultat, selon les sieurs Couderc et Lacvivier, de diminuer la force des sources qui alimentaient leur propre établissement, ils citèrent le sieur Mercader en justice pour se faire reconnaître seuls propriétaires de ces sources, et faire interdire au sieur Mercader tous actes et fouilles tendant à y porter atteinte.

4 mai 1846, jugement qui accueille la demande.

Appel par le sieur Mercader, et le 13 février 1847 arrêt qui confirme. Cet arrêt, dans de longs motifs qu'on trouvera reproduits par de Villeneuve, Dalloz et le *Journal du Palais*, se fonde d'abord sur l'ancien droit du Roussillon, d'après lequel les anciens seigneurs étaient alors propriétaires des sources d'eaux thermales et de leurs veines; sur ce que la concession, faite en 1788, a compris le tout. Enfin, sur l'art. 643

du Code civil qui défend de changer le cours des eaux d'une source utile aux habitans d'une commune. L'arrêt de cassation écarte l'ancien droit de Roussillon comme féodal et aboli, même au préjudice des successeurs des anciens seigneurs; on y lit, en outre, les motifs suivans :

« Vu les art. 544 et 552 du Code civil, confirmatifs des anciens principes; attendu qu'aucune loi *ni aucun règlement légalement obligatoire* n'interdit (1) les fouilles et recherches dans les terrains voisins des eaux thermales, par ou pour les propriétaires desdits terrains ;

« Attendu que l'art. 643 du Code civil ne s'applique pas à des veines souterraines et ignorées sur lesquelles nul ne peut avoir acquis de droit sans un titre positif avant que le propriétaire du sol, en le creusant, les ait découvertes et fait surgir ;

« Attendu que de tout ce qui a été dit ci-dessus, il suit qu'en confirmant le jugement qui a déclaré les défendeurs en cassation propriétaires des sources et des veines alimentant les anciens thermes et a interdit à Mercader de profiter, à leur préjudice, des veines qui, pouvant se trouver dans sa propriété ou dans celle de Pi-

(1) L'arrêt aurait dû dire : n'interdisait les fouilles à l'époque où ont été faites celles qui ont donné lieu au procès.

deil, alimenteraient lesdits anciens Thermes, l'arrêt attaqué a faussement appliqué l'art. 643 du Code civil, et expressément violé les art. 544 et 552, même Code, conformes aux anciens principes, casse. »

L'administration considère d'ailleurs le décret comme obligatoire. Nous avons appris qu'après l'arrêt de la Cour de cassation, du 4 décembre 1849, le sieur Mercader, ayant voulu reprendre et continuer les fouilles que le tribunal de première instance et la Cour de Montpellier l'avaient condamné à interrompre, le préfet des Pyrénées-Orientales, se fondant sur le décret du 8 mars, avait pris un arrêté qui les interdisait; que le ministre de l'agriculture et du commerce, devant lequel le sieur Mercader avait attaqué cet arrêté, en avait, au contraire, prononcé la confirmation, et qu'à la suite de ce débat administratif, les parties avaient transigé.

Nous savons aussi qu'on prépare, au ministère de l'agriculture et du commerce, un projet de loi sur la matière, qui doit être bientôt soumis à la sanction de l'Assemblée législative.

Ainsi, d'après le décret du 8 mars 1848, les fouilles ne sont interdites que dans le périmètre de mille mètres des sources dont l'exploitation est régulièrement autorisée. Quant aux terrains plus éloignés des sources dont l'exploitation est régulière ou situés dans le périmètre de mille mètres de celles dont l'exploitation est irrégulière, aucune prohibition ne les frappe et ne protége ces sources contre les fouilles qui pourraient les détruire ou les altérer. Les expressions mille mètres AU MOINS ne signifient pas que la prohibition pourra s'étendre au-delà; autrement il n'y aurait plus de limite ; elles sont inutiles et doivent être considérées comme non écrites.

Du reste, la prohibition peut être levée par le préfet du département. Celui-ci, avant d'accorder ou de refuser l'autorisation de faire les fouilles, doit prendre l'avis de l'ingénieur des mines et celui du médecin-inspecteur de l'établissement thermal ou du médecin en chef s'il y en a plusieurs. Bien entendu que le préfet n'est pas lié par ces avis. Ce sont de simples renseignemens, une consultation destinés à éclairer le magistrat. La loi du 21 avril 1810 dit aussi que la concession de mines sera accordée *sur l'avis* des ingénieurs, et l'on n'a jamais imaginé de prétendre que l'autorité supérieure ne pût pas s'écarter de cet acte. Autrement, les ingénieurs seraient véritablement seuls juges de la concession. Eux seuls l'accorderaient ou la refuseraient, et l'on ne verrait pas pourquoi on aurait exigé l'intervention du préfet.

Quoique le décret ne le dise pas, il est incontestable que les parties pourraient se pourvoir, devant le ministre de l'agriculture et du commerce, contre l'arrêté du préfet portant autorisation ou refus d'autorisation; ce pourvoi est de droit; il peut avoir lieu toutes les fois que la loi ne l'a pas interdit.

Mais les parties seraient-elles recevables à se pourvoir au contentieux du Conseil-d'Etat comme le proposait le projet de loi de 1847, soit contre l'arrêté du préfet pour cause d'excès de pouvoir, soit contre la décision ministérielle pour pareille cause ou pour mal jugé au fond?

Nous inclinons à l'affirmative. Ce recours est de droit; il est facultatif quand il n'a pas été interdit comme le Conseil-d'Etat l'a décidé pour les établissemens insalubres ou incommodes de troisième classe (1); la loi cependant l'autorise expressément pour les deux premières classes et garde le silence pour la troisième.

Il s'agit ici de la protection due au droit de propriété et de la conservation d'un établissement nécessaire à la santé des citoyens; le Conseil-d'Etat appréciera les avantages et les inconvéniens comme pour les établissemens insalubres ou incommodes. On ne peut pas objecter que l'autorisation ou le refus d'autorisation sont

(1) Arrêts du conseil des 18 avril 1821, 18 juin 1823.

de simples actes administratifs reposant sur l'appréciation discrétionnaire des faits, des circonstances. Car cette objection aurait été tout aussi forte en matière d'établissemens insalubres, et pourtant elle n'a pas prévalu, quoique dans les affaires de cette nature, les discussions qui précèdent les premières décisions soient complètes et contradictoires. On ne pourrait pas davantage nous opposer la jurisprudence consacrée en matière d'autorisation d'usines sur cours d'eau ou de concessions de mines, puisque dans ces affaires on a tout d'abord la garantie d'une instruction très-complète, d'enquêtes, d'affiches, de délibérations des ponts-et-chaussées, et enfin d'un décret du chef du pouvoir exécutif, ce qui n'a pas lieu pour les fouilles; qu'enfin, l'administration prétend, quoique à tort, que les riverains n'ont aucun droit de propriété sur les cours d'eau dont les pentes ou forces motrices peuvent être, par elle, concédées comme elle le juge convenable, et qu'en fait de mines, elle peut, d'après la loi, écarter le propriétaire du sol renfermant les mines pour accorder la concession à qui bon lui semble; tandis qu'ici il s'agit, comme nous l'avons dit, de la part de celui qui veut faire les fouilles dans son terrain, de l'exercice d'un droit de propriété bien certain, et de la part des propriétaires de l'établissement thermal (l'Etat ou les particuliers), d'empêcher la destruction de cet établissement, surtout dans l'intérêt public.

Si, à défaut d'autorisation, les fouilles ont lieu, le préfet peut prendre, à l'instant, des mesures pour les empêcher, envoyer même la force armée, établir des gardiens ou surveillans.

Ceux qui sont fondés à empêcher ces fouilles, pourraient aussi s'adresser directement aux tribunaux qui devraient prononcer d'urgence la cessation des travaux et les dommages-intérêts que ni le préfet, ni le Conseil de préfecture ne seraient jamais compétens pour accorder.

Enfin, une question fort importante et dont la solution n'est pas sans difficulté, est celle de savoir si l'interdiction des fouilles peut être imposée gratuitement.

Nous ne le croyons pas; que l'interdiction soit prononcée dans l'intérêt de la conservation des établissemens thermaux, nous l'admettons volontiers et nous le croyons fort utile. Mais toute restriction à l'exercice du droit de propriété, toute privation des avantages attachés à la propriété, même pour cause d'utilité publique, doivent donner lieu à une indemnité, à moins de dispositions législatives contraires, dont il faut être très-sobre. Il ne s'agit point ici d'une servitude, mais de l'interdiction de profiter du tréfonds de l'héritage.

Il en est ainsi en matière de mines, lorsque le propriétaire du sol n'obtient pas la concession. Nous ne voyons pas pourquoi on admettrait une règle différente, dans le cas qui nous occupe; nous ne voyons pas de raison pour que celui qui a dans son fonds les veines ou le bassin des eaux qui constituent presque toute sa valeur et qui vont sortir à quelque distance dans un fonds inférieur, soit privé sans indemnité du bénéfice que l'exercice d'un droit légitime pourrait lui procurer. La propriété du sol emporte la propriété du dessous, art. 552 du Code civil. Nous ne saurions donc partager l'opinion, d'ailleurs non développée à notre grand regret, de M. Jousselin, *Traité des servitudes d'utilité publique*, t. I, p. 471, qui refuse l'indemnité par l'unique motif tiré du silence du décret du 8 mars sur le droit à l'indemnité, tandis que les projets de loi dont nous avons parlé l'accordaient. Mais ces projets de loi rendaient hommage au droit commun, reconnaissaient que l'indemnité ne pouvait être refusée. Ce n'était point un droit nouveau qu'ils entendaient créer. Pour qu'on pût dire que le décret du 8 mars dispense du payement de l'indemnité, il faudrait donc qu'il contînt une disposition explicite sur ce point ; et nous croyons que les auteurs de cet acte n'eussent point osé aller jusque-là, à une époque où cependant on osait beaucoup.

Du reste, nous noterons en passant qu'un arrêt de cassation, du 18 novembre 1845, a décidé que si les objets servant à l'exploitation même des sources, peuvent être considérés comme immeubles par destination, il n'en est pas de même de ceux destinés au logement et à la nourriture des personnes qui viennent à un établissement d'eaux thermales, qui sont bien différens des premiers.

T. III, p. 109, après le n° 762, ajoutez :

Il est évident que celui qui posséderait les fonds riverains des deux côtés d'un chemin public, vicinal ou rural dans lequel les eaux auraient leur lit, ne pourrait changer ce lit sans la permission régulière de l'autorité municipale; car, indépendamment de ce que la loi en accordant ce droit d'innovation suppose que l'eau s'écoule sur et au travers d'un fonds appartenant à celui qui veut opérer le changement, les lois, les règlements de police relatifs à la voie publique s'y opposeraient.

La même interdiction aurait lieu dans tous les autres cas où, par une cause quelconque, le terrain qui forme le lit du cours d'eau n'appartiendrait pas à celui dont il traverse l'héritage.

Enfin, il est incontestable que si, d'après les largeurs et les formes variées d'un chemin, les eaux pluviales et autres avaient leur lit, tantôt au milieu du chemin, tantôt le long d'héritages privés, les propriétaires de ces derniers héritages auraient seuls droit d'user de ces eaux comme riverains, et à l'exclusion de ceux qui en seraient séparés par un espace de terrain quelconque et ne se trouveraient pas dans le cas prévu par l'art. 644 du Code civil.

T. III, p. 111, *après le n°* 764, *ajoutez :*

Ces principes ont été consacrés dans une affaire Baric contre Combes et Depins, par arrêt de la chambre civile de la Cour de cassation, rendu sur notre plaidoirie le 21 août 1844, qui a cassé un arrêt de la Cour de Toulouse. On lit dans la décision de la Cour régulatrice « que l'eau courante est mise par la loi au nombre des choses communes; que les propriétaires riverains d'un cours d'eau ont un *droit égal* à l'usage des eaux, quoiqu'ils n'exercent pas ce droit simultanément; que si, par l'avantage de sa position topographique, le propriétaire du fonds supérieur exerce son droit avant les propriétaires des fonds inférieurs, il n'en est pas moins tenu, après s'être servi des eaux, de les rendre à leur lit ordinaire, afin que les propriétaires des fonds inférieurs puissent en user à leur tour; que si le propriétaire supérieur ne saurait être tenu de rendre la même quantité d'eau qu'il a reçue, ou une certaine quantité d'eau déterminée, il reste tenu de n'user de son droit que de manière à ménager, dans une juste mesure, aux propriétaires des fonds inférieurs, l'exercice de leurs droits sur les eaux. »

La Cour de Montpellier, devant laquelle l'affaire fut renvoyée, paraîtrait n'avoir pas admis cette doctrine, si l'on se reporte à ses motifs dont la rédaction est d'ailleurs un peu vague et présente des contradictions. Il semblerait également que la Cour de cassation serait revenue sur sa première décision puisque, par arrêt du 8 juillet 1846, rendu malgré les efforts de M. Avisse, mon successeur, et le talent dont il a fait preuve, le nouveau pourvoi, dirigé contre l'arrêt de Montpellier, a été rejeté par le motif que si la Cour de Montpellier a reconnu que le propriétaire supérieur dont les fonds sont *traversés* par un cours d'eau, a, quant à l'usage de cette eau, un droit plus étendu que celui du propriétaire inférieur, dont l'héritage est *bordé* par le cours d'eau, elle a cependant ordonné la confection d'un règlement pour déterminer les jours et heures de la semaine auxquels les arrosages pourront avoir lieu, le mode de prise d'eau qu'il conviendrait d'employer.

Mais nous ferons remarquer que ce n'est là qu'un arrêt de rejet émané de la chambre des requêtes; qu'il a été rendu contrairement aux conclusions de l'avocat-général; que sans doute le droit du propriétaire supérieur, dont le fonds est traversé par une eau courante, est plus étendu que celui dont le fonds borde d'un côté seulement ce cours d'eau, en ce que le premier peut changer le lit dans l'étendue de son fonds, tandis que l'autre ne le peut pas, puisque le riverain du côté opposé en éprouverait préjudice, ou du moins ne le peut qu'avec le consentement de celui-ci; mais je soutiens que quant à la consommation de l'eau, à l'emploi de son volume, à la durée de l'irrigation, tous les riverains, supérieurs ou inférieurs, bordés ou traversés par le cours d'eau, ont, comme l'a dit la chambre civile, par son arrêt du 21 août 1844, un *droit égal* à l'usage des eaux, quoiqu'ils ne l'exercent pas simultanément.

Nous concevons très-bien que le propriétaire supérieur, usant des eaux le premier et en consommant une partie quelconque, trouve, dans cette priorité, un certain avantage; mais nous pensons aussi que le règlement doit mettre des bornes à l'exécution de ses travaux, à la multiplicité de ses rigoles et fossés; que soit que l'irrigation de tous les fonds ait lieu, en quelque sorte, en même temps, soit qu'elle ait lieu successivement, c'est-à-dire à des jours, à des heures différens, on doit tenir compte aux inférieurs de la diminution d'eau causée par l'irrigation des fonds supérieurs.

Par exemple, si le fonds supérieur doit absorsorber un cinquième du volume d'eau, le règlement pourra établir que son irrigation durera un cinquième de temps de moins que celle des fonds inférieurs, ou adopter tout autre mesure équivalente pour maintenir, autant que possible (car nous reconnaissons la très-grande difficulté d'établir une précision mathématique, une égalité absolue), une égale distribution des avantages de l'irrigation entre les divers riverains, une répartition proportionnée aux besoins et à l'étendue de leurs héritages respectifs.

Pourquoi le supérieur aurait-il un droit plus étendu que les inférieurs? S'il y avait cinquante propriétaires inférieurs les uns aux autres, il faudrait donc faire une part spéciale à chacun; le 1er aurait plus que le 2e, le 2e que le 3e, celui-ci que le 4e, et ainsi de suite; cependant tous n'ont-ils pas les mêmes charges, les mêmes inconvénients à supporter?

T. III, p. 114, après le n° 765, ajoutez :

Le droit d'empêcher les riverains supérieurs ou dont les héritages seraient situés en face du côté opposé, d'user des eaux, pourrait résulter de titres privés, c'est-à-dire de concessions à titre onéreux émanées des anciens seigneurs conférant un droit exclusif aux inférieurs ainsi que l'a décidé la Cour de cassation, par arrêt du 9 août 1843, rendu entre les sieurs Amat, Drulhoz et Cavalier.

Le droit de détourner toute l'eau et la dispense de la rendre à son cours ordinaire, peuvent résulter valablement de conventions privées, exécutoires entre ceux qui les ont souscrites, mais sans préjudice du droit des tiers. Si l'art. 644 peut recevoir une modification de la prescription, il peut en recevoir des stipulations particulières, chacun pouvant renoncer aux avantages que la loi lui accorde et les céder à des tiers. C'est aussi ce qu'a décidé un arrêt de la Cour de cassation, du 18 novembre 1845.

T. III, p. 123, après le n° 771, ajoutez:

Un arrêt de la Cour de cassation, du 12 mai 1840, a formellement consacré le principe que sous l'empire des dispositions du Code civil, un des riverains ne pouvait appuyer un barrage sur la rive opposée qui ne lui appartient pas, lors même qu'il ne pourrait, sans ce barrage, arroser son fonds. Ce même principe a été reconnu et proclamé dans le cours de la discussion des lois du 29 avril 1845 et 11 juillet 1847; il résulte de l'opinion presque unanime des auteurs et de la jurisprudence des arrêts, de sorte que c'est un point de doctrine incontestable. Aussi, a-t-il fallu une loi (celle du 11 juillet 1847), pour autoriser l'appui et le barrage, mais ce n'est pas là un droit absolu; il est, au contraire, subordonné à l'autorisation des tribunaux et de l'administration et au payement d'une indemnité, ainsi que nous le verrons en nous occupant de ces deux lois.

T. III, p. 128, après le n° 777, ajoutez :

Les lois des 29 avril 1845 et 11 juillet 1847 ont apporté de graves changemens aux principes du Code civil développés dans les n^os^ précédens de ce chapitre. Nous en reproduirons d'abord les textes.

LOI DU 29 AVRIL 1845.

« Art. 1er. Tout propriétaire qui voudra se servir, pour l'irrigation de ses propriétés, des eaux naturelles ou artificielles dont il a le droit de disposer, pourra obtenir le passage de ces eaux sur les fonds intermédiaires, à la charge d'une juste et préalable indemnité.

« Sont exceptés de cette servitude, les maisons, cours, jardins, parcs et enclos attenant aux habitations.

« Art. 2. Les propriétaires des fonds inférieurs devront recevoir les eaux qui s'écouleront des terrains ainsi arrosés, sauf l'indemnité qui pourra leur être due.

« Seront également exceptés de cette servitude, les maisons, cours, jardins, parcs et enclos attenant aux habitations.

« Art. 3. La même faculté de passage sur les fonds intermédiaires pourra être accordée au propriétaire d'un terrain submergé en tout ou en partie, à l'effet de procurer aux eaux nuisibles leur écoulement.

« Art. 4. Les contestations auxquelles peuvent donner lieu l'établissement de la servitude, la fixation du parcours de la conduite d'eau, de ses dimensions et de sa forme, et les indemnités dues, soit au propriétaire du fonds traversé, soit à celui du fonds qui recevra l'écoulement des eaux, seront portées devant les tribunaux qui, en prononçant, devront concilier l'intérêt de l'opération avec le respect dû à la propriété.

« Il sera procédé devant les tribunaux comme en matière sommaire et s'il y a lieu à expertise, il pourra n'être nommé qu'un seul expert.

« Art. 5. Il n'est aucunement dérogé, par les précédentes dispositions, aux lois qui règlent la police des eaux. »

LOI DU 11 JUILLET 1847.

« Art. 1er. Tout propriétaire qui voudra se servir, pour l'irrigation de ses propriétés, des eaux naturelles ou artificielles dont il a le droit de disposer, pourra obtenir la faculté d'appuyer sur la propriété du riverain opposé, les ouvrages d'art nécessaires à la prise d'eau, à la charge d'une juste et préalable indemnité.

« Sont exceptés de cette servitude, les bâtimens, cours et jardins attenant aux habitations.

« Art. 2. Le riverain sur le fonds duquel l'appui sera réclamé, pourra toujours demander l'usage commun du barrage en contribuant pour moitié aux frais d'établissement et d'entretien; aucune indemnité ne sera respectivement due dans ce cas, et celle qui aurait été payée devra être rendue.

« Lorsque cet usage commun ne sera réclamé qu'après le commencement ou la confection des travaux, celui qui le demandera devra supporter seul l'excédant de dépense auquel donneront lieu les changemens à faire au barrage pour le rendre propre à l'irrigation des deux rives.

« Art. 3. Les contestations auxquelles pourrait donner lieu l'application des deux articles ci-dessus, seront portées devant les tribunaux.

« Il sera procédé comme en matière sommaire, et s'il y a lieu, à expertise, le tribunal pourra ne nommer qu'un seul expert.

« Art. 4. Il n'est aucunement dérogé, par les présentes dispositions, aux lois qui règlent la police des eaux. »

Nous avons publié un commentaire assez étendu sur ces deux lois, en y ajoutant un extrait textuel des législations étrangères sur le même sujet. Nous nous bornerons donc ici à rappeler, sans développement, les solutions que nous avons données, à en ajouter quelques autres qui nous sont venues depuis à la pensée ou qui résultent de la jurisprudence.

Les deux lois ci-dessus n'ont apporté aucun changement à la législation des eaux en ce qui concerne le droit d'en user. Ce droit n'a pas été étendu ; il reste absolument le même. Nos nouvelles lois ont seulement accordé à ceux qui ont droit aux eaux : 1° La faculté d'appuyer un barrage sur le fonds d'autrui pour favoriser la dérivation ; 2° la faculté de réclamer un passage sur le fonds d'autrui, soit pour conduire les eaux à l'héritage qui en a besoin, soit pour les faire écouler après s'en être servi, soit enfin pour débarrasser un fonds de celles qui l'incommodent. Ce ne sont donc que de simples servitudes qu'elles ont établies.

Toutefois, il nous semble qu'il y a une différence entre le passage des eaux et le droit d'appui. Le passage des eaux peut exister en faveur d'un propriétaire non riverain; une concession de prise d'eau à une rivière navigable ou flottable peut avoir été faite à un propriétaire non riverain; un riverain d'un petit cours d'eau peut avoir cédé son droit à un non riverain; tel peut n'avoir, touchant au cours d'eau, qu'une faible portion d'un fonds considérable qui s'étend en arrière d'un autre riverain dont l'héritage a peu de largeur, mais beaucoup de longueur. Dans tous ces cas, le droit de passage d'eau nous paraît devoir être accordé. Dans le dernier, il devrait l'être au moins pour le retour à la rivière des eaux qu'on aura pu dériver sans emprunter un fonds étranger. La combinaison des art. 1 et 2 de la loi du 29 avril nous semble autoriser cette solution.

Mais, quant au droit d'appui, comme l'art. 1er de la loi du 11 juillet n'autorise à réclamer ce droit que sur la propriété du riverain opposé, et qu'en matière de servitude tout est de rigueur, le non riverain, quelque bizarre que cela paraisse, ne pourra l'obtenir sur la rive du fonds que les eaux traversent.

Du reste, nous convenons que cette situation se rencontrera rarement.

Toutes les propriétés, de quelque nature qu'elles soient et quels que soient leurs possesseurs, sont également admises à jouir du bénéfice des lois de 1845 et 1847, et obligées de supporter les charges qu'elles imposent.

Les servitudes que ces lois consacrent, ne peuvent être réclamées que pour l'irrigation ; mais ce n'est pas seulement pour l'irrigation des prairies. Les jardins, les rizières, certains bois qui ont besoin du secours de l'eau, seraient admis à en profiter.

Le particulier admis à réclamer un passage pour les eaux dont il a droit de disposer, peut aussi demander un passage sur les bords du canal, pour le surveiller, l'entretenir, y déposer les vases et autres objets provenant du curage, pour y déposer les matériaux nécessaires et pour les travaux de ses ouvriers.

L'indemnité à accorder au propriétaire du fonds grevé, doit comprendre toutes les charges, tous les préjudices et dommages qui résultent de la servitude.

Les tribunaux ne sont pas absolument tenus d'accorder l'appui du barrage ou le passage des eaux. Ils ont, à cet égard, un pouvoir discrétionnaire; ils accordent ou refusent l'un et l'autre, l'un ou l'autre, suivant les circonstances dont ils sont les appréciateurs. Le droit d'appui n'est pas une conséquence forcée du droit de passage des eaux et réciproquement.

La loi du 29 avril ne s'applique pas au cas de dessèchement d'un ensemble de propriétés, d'une opération d'intérêt général; ce cas demeure réglé par la loi du 16 septembre 1807 (1).

La législation n'accordant la servitude d'appui, de passage d'eau qu'au propriétaire du fonds qui doit en profiter, les fermiers, colons, usagers, usufruitiers, ne pourraient la réclamer sans la participation du propriétaire.

L'indemnité accordée au propriétaire du fonds grevé, doit être acquittée avant l'exécution des travaux et doit consister, non dans une rente annuelle, mais dans une somme capitale mise immédiatement à la disposition de ce propriétaire, sans préjudice de ce qui pourrait être réclamé plus tard pour dommages accidentels et non prévus.

Les lois ci-dessus exceptent de la servitude tous les bâtimens, même ceux non servant à l'habitation.

Les cours, jardins, parcs, sont aussi exempts

---

(1) Arrêt de la Cour de cassation, du 26 mars 1849. Devilleneuve, 1849, I, p. 321.

de la servitude de passage des eaux, pourvu qu'ils tiennent à l'habitation et lors même qu'ils ne seraient pas clos. Les enclos sont encore exceptés.

Mais qu'est-ce qu'un enclos? Il faut, en général, se reporter à la loi du 30 avril 1790 sur la chasse, à celle du 6 octobre 1791 sur la police rurale, aux art. 391, 392 du Code pénal.

Notons que les parcs et enclos qui sont exempts de la servitude de passage des eaux ne le sont pas de celle d'appui.

La faculté de réclamer un passage sur les fonds voisins, pour se débarrasser des eaux nuisibles, suppose que ces eaux et cette nocuité proviennent d'une cause naturelle, telle que la chute des pluies, la fonte des neiges ou des glaces, le débordement des rivières, l'existence de sources. La submersion peut provenir soit des eaux répandues à la surface, soit de celles souterraines, comme infiltrations, veines, sources. Cette faculté autorise l'opération appelée drainage, mot d'origine anglaise. Les agriculteurs anglais ont obtenu de très-bons résultats de cette opération qu'on devrait généraliser aussi en France.

Les tribunaux doivent décider le débat entre les parties, régler l'existence et le mode d'exercice de la servitude, l'emplacement du passage des eaux, puis liquider l'indemnité sans se préoccuper du pouvoir administratif, mais aussi sans porter la moindre atteinte à ce pouvoir qui pourra toujours intervenir pour empêcher les travaux de barrage et de prise d'eau qui lui paraîtraient nuisibles à l'intérêt général. Les particuliers feront donc prudemment, avant d'exécuter leurs travaux, d'obtenir l'autorisation de l'administration.

L'appui et le barrage peuvent avoir lieu soit sur le fonds situé en face de celui qui doit en profiter, soit sur un autre plus éloigné. Les tribunaux ont, comme nous l'avons dit, un pouvoir discrétionnaire dont ils font l'usage que les circonstances exigent. (Arrêt de la Cour de cassation du 14 mars 1849. — Devilleneuve, I, p. 323, 1849.)

Il est sensible que si après la liquidation de l'indemnité, soit en justice, soit amiablement, le propriétaire du fonds assujetti laissait celui du fonds dominant établir son barrage, sa conduite d'eau sans la payer, celui-ci ne pourrait induire une preuve de libération ou une fin de non payer de l'exécution des travaux.

Il en serait de même du cas d'un établissement spontané, sans intervention de la justice et sans convention préalable. Le propriétaire du fonds servant aurait bien certainement une action en indemnité qui durerait pendant trente ans, à compter de l'exécution des travaux. Cette action en payement ne serait prescrite que par ce laps de temps qui forme le droit commun et général. Le propriétaire du fonds dominant ne pourrait alléguer une concession *gratuite*. Le propriétaire du fonds servant ne s'est pas opposé aux travaux, il les a tolérés, laissé faire parce qu'il a pu penser que son voisin se trouvait dans le cas prévu par les lois de 1845 et 1847, et qu'il n'a pas voulu entrer en discussion devant les tribunaux pour un objet qu'ils accorderaient; mais de ce qu'il n'a pas pris la précaution de faire préalablement fixer l'emplacement, les dimensions du barrage, du passage des eaux, et le chiffre de l'indemnité, il ne faudrait pas conclure qu'il fût désormais non recevable à réclamer un dédommagement. On ne pourrait lui opposer l'article 18 de la loi du 21 mai 1836 qui déclare prescrite, par le laps de deux années, l'action en indemnité à raison des terrains ayant servi à la confection des chemins vicinaux puisqu'il s'agit là d'une exception spéciale et qu'il n'y a aucune assimilation possible entre les cours d'eau et les chemins vicinaux, comme nous l'avons démontré dans notre *Régime des eaux,* contrairement à l'opinion de M. Henrion de Pansey.

Nous pensons même que tant que la prescription ne serait pas acquise en faveur de l'auteur du barrage et de l'aqueduc, le propriétaire des fonds, sur lesquels ils auraient été établis, serait recevable et fondé à en contester soit la nécessité, soit l'emplacement et que ce serait aux tribunaux, en appréciant le silence, la tolérance plus ou moins prolongés de ce dernier, et les circonstances de localité, à décider s'ils doivent être maintenus, supprimés ou transportés dans un autre emplacement.

Le temps exigé, pour constituer la prescription, serait trente années ; comme il ne serait pas possible de prétendre qu'à l'instant même de l'achèvement des travaux, sans réclamation ni opposition, le propriétaire du fonds assujetti deviendrait non recevable à réclamer, il faut reconnaître que le laps de temps constitutif de la prescription serait la seule déchéance qui put lui être opposée, et ce laps de temps serait celui du droit commun, le seul applicable en matière de servitudes. Il n'y aurait pas lieu à l'application en faveur d'un tiers acquéreur de la prescription de dix ou vingt ans, avec titre et bonne foi. Cette prescription, comme nous venons de le dire, ne régit pas la matière des servitudes.

Nous ajouterons, en terminant, que les barrages et les aqueducs ou passages d'eau établis avant 1789, et ayant conséquemment plus de trente ans d'existence, doivent être maintenus avec le mode d'irrigation et la quantité d'eau dont il a été toujours fait usage. Si, pendant la saison des arrosages, l'irrigation avait été continue et avait nécessité le détournement du volume entier des eaux, il y aurait droit acquis, contre les voisins et les inférieurs, à conserver ce régime, et l'administration ne pourrait, dans l'intérêt de ceux-ci, limiter à certains temps, à certaines heures, et à un volume d'eau moindre, l'irrigation qui aurait toujours eu lieu avec la latitude que nous avons signalée (1). Et si l'administration faisait un règlement contraire à l'opinion que nous venons d'exprimer, le possesseur du droit d'irrigation pourrait se pourvoir devant les tribunaux pour faire reconnaître son droit privé, et demander ensuite à l'administration la réformation du règlement. L'administration pourrait seulement prendre les mesures relatives au curage, au libre écoulement des eaux, et celles nécessaires pour que le barrage ne causât pas d'inondation.

---

(1) Un arrêt de la Cour de Pau, du 11 juin 1834, rapporté par Devilleneuve et Carette, 1835, II, p. 202, et un arrêt de la cour de cassation, du 19 avril 1841, ont consacré le principe que nous développons sur l'acquisition d'un mode étendu d'irrigation par la prescription trentenaire.

T. III, p. 132, après le n° 778, ajoutez :

Depuis que nous avons publié cette opinion, la question de propriété des cours d'eau non navigables ni flottables a continué d'occuper les tribunaux et les jurisconsultes.

Aux auteurs que nous avons cités, il faut ajouter M. Rives, conseiller à la Cour de cassation, dans un travail extrait de son grand ouvrage sur les *Délits et contraventions,* extrait publié en 1844; M. Dufour, *Traité du droit administratif;* M. Marcadé, *Eléments du droit civil,* M. Cotelle, *Droit administratif,* M. Championnière, *De la Propriété des eaux courantes;* M. Ratier et M. Raymond Bordeaux.

De ces divers auteurs, MM. Rives et Ratier sont les seuls qui contestent la propriété privée; le premier attribue à l'Etat, au domaine public, la propriété des cours d'eau non navigables, ni flottables; le second, adoptant la doctrine d'un arrêt de cassation, du 10 juin 1846, sur lequel nous reviendrons tout-à-l'heure, les range dans la classe des choses qui n'appartiennent à personne et dont l'usage est commun à tous.

M. Dufour distingue le courant d'eau du lit qui le reçoit. Il considère le courant d'eau comme une chose qui n'appartient à personne, qui est commune à tous; mais il reconnaît que la propriété du sol, ou lit, appartient aux riverains.

Quant à MM. Championnière, Marcadé, Cotelle et Bordeaux, ils n'hésitent pas à attribuer aux riverains la propriété du lit et de l'élément qu'il contient. Leur conviction est entière. Ils soutiennent leur opinion avec beaucoup de force et de talent. Le premier et le dernier ont donné, dans des traités spéciaux, de grands développements à la thèse qu'ils ont adoptée.

Nous ne connaissons que deux arrêts explicites sur la question qui nous occupe. L'arrêt de cassation, du 10 juin 1846 (1), et l'arrêt, très-bien motivé, et en sens opposé de la Cour d'Amiens, cassé par celui que nous venons de rappeler. Nous pourrions encore citer un arrêt de la Cour de cassation, du 21 février 1810, qui préjuge la question en faveur des riverains. Nous ne croyons pas devoir nous préoccuper d'un arrêt de la Cour de Douai, du 18 décembre 1845, rapporté par Devilleneuve (1847, II, p. 11), qui n'avait à juger que la question d'usage du cours d'eau avec bateau par des non riverains. Nous en dirons autant d'un arrêt des requêtes du 17 juin 1850, qui n'a-

---

(1) Dalloz, 1846, I, p. 177. — *Journal du Palais*, 1846, p. 5. Devilleneuve, 1846, I, p. 433.

vait à juger qu'une question de nocuité de barrage. Ainsi l'arrêt du 6 juin ne décide pas, comme le voulaient les adversaires des riverains, que le cours d'eau et son lit font partie du domaine de l'Etat public ou privé; il embrasse un système tout nouveau, écarte celui de propriété; ils ne sont ni la propriété de l'Etat, ni celle des particuliers. M. de Villeneuve et le *Journal du Palais* combattent vivement cette décision et se rangent du parti des riverains; c'est aussi ce que fait M. Bordeaux dans une critique animée et brillante.

Malgré notre respect pour les décisions de la Cour suprême, nous ne pouvons nous rendre à la doctrine de son dernier arrêt, et, après une nouvelle étude de la question, nous persistons à regarder les riverains comme propriétaires; notre conviction est complète; nous croyons qu'elle serait partagée par le pouvoir législatif si la question lui était soumise, comme nous le souhaiterions pour terminer une controverse qui peut se prolonger longtemps encore.

Nous regrettons que les étroites limites de cet opuscule ne nous permettent pas de donner à notre sentiment tous les développements que comporterait une question si intéressante.

Nous dirons d'abord que l'arrêt précité a été rendu par défaut après une délibération de trois jours, et, si nous sommes bien informés, à la majorité rigoureuse des voix, avec la participation d'un président de chambre qui avait récemment quitté le ministère des travaux publics ; or, l'on sait que les agents attachés à ce ministère, les ingénieurs, les préfets, sont généralement opposés à la propriété des riverains, ne veulent voir dans les cours d'eau non navigables, ni flottables, qu'une matière que l'administration peut règlementer à son gré, et dont elle a la libre disposition, bien entendu, dit-elle, pour le plus grand avantage de l'agriculture et de l'industrie.

Cet arrêt ne saurait, à notre avis, faire jurisprudence. Il serait à désirer que la question fût portée devant les chambres réunies et soumise à un débat contradictoire. Nous pensons qu'elle y recevrait une solution favorable aux riverains; que M. le procureur général Dupin leur prêterait l'appui de son autorité et de sa puissante dialectique ; ce qui nous le fait présumer, c'est que, dans le cours de la discussion de la loi du 11 juillet 1847 sur les irrigations, il a manifesté une opinion qui nous semble favorable à la propriété des riverains. Du reste, nous ne savons ce qu'est devenue l'affaire jugée par l'arrêt du 10 juin 1846 ; nous croyons que le riverain n'aura pas voulu plaider devant la Cour de renvoi pour une indemnité minime de 391 f., à laquelle avait été estimé le lit du cours d'eau, et qu'il aura abandonné sa prétention pour éviter les frais et les tribulations d'un procès qui pouvait revenir devant la Cour de cassation.

Du reste, l'arrêt n'a pas osé attribuer le cours d'eau au domaine de l'Etat; cela eût été impossible en présence des art. 538 et 644 qui déclarent expressément, en ne faisant que deux classes de cours d'eau, les navigables et flottables, et ceux qui ne le sont pas, que les premiers seuls (l'eau et le lit) appartiennent à l'Etat. L'arrêt déclare les seconds chose commune à tous; mais si les fleuves navigables ne sont pas dans la classe des choses qui n'appartient à personne quoiqu'ils soient une eau courante, à plus forte raison les autres cours d'eau doivent-ils appartenir à quelqu'un.

La presque totalité des législations étrangères, ainsi que le prouve M. Daviel, décide la question en faveur des riverains.

La législation romaine distinguait les cours d'eau, même les fleuves pérennes, en publics et privés; les cours d'eau non navigables, les lits desséchés ou abandonnés de ces cours d'eau appartenaient aux riverains (1).

(1) Flumen a rivo magnitudine discernendum est, aut existima-

Dans l'ancien droit français, la doctrine était sans doute divisée sur un point, celui de savoir si les petits cours d'eau appartenaient aux riverains ou aux seigneurs. Un certain nombre d'auteurs les attribuaient aux riverains; mais tous étaient unanimes pour les refuser à l'Etat à titre de domaine public ou privé, et aucun n'avait eu l'idée de les ranger dans la classe des choses qui n'appartenaient à personne. Les nombreuses citations que fait le savant M. Rives sont peu concluantes et les deux opinions contraires peuvent également en argumenter.

La féodalité, seule cause qui, suivant quelques auteurs, s'opposât à la propriété des riverains, ayant été abolie, leur droit aux petits

---

tionne circum colentium. (Loi 1re, § 1, ff. de fluminibus.) Flumina quœdam publica sunt quœdam non. (Loi 1re, § 3 ff. eodem.) Hoc interdictum ad flumina publica pertinet : si autem flumen privatum sit, cessabit interdictum : nihil enim differt a *cœteris locis privatis, flumen privatum.*

Portio agri videtur esse aqua viva. (L. onze, ff. quod vi aut clam.)

Voilà pour les principes généraux.

Voici maintenant une solution particulière sur l'attribution du lit abandonné par les eaux :

Quod si naturali alveo in universum relicto, alia parte fluere cœperit, prior quidem alveus eorum est qui prope ripam ejus prœdia possident, pro modo scilicet latitudinis cujusque agri, quæ latitudo propè ripam sit..... quod si post aliquod tempus ad priorem alveum revertum fuerit flumen, rursus novus alveus eorum esse incipit qui prope ripam ejus prœdia possident. (Inst. de divisione rev. liv. II, titre I, § 23.) Le § 5 de la loi 7 ff. de adquirendo rerum dominio est conçu dans les mêmes termes.

cours d'eau est incontestable; des projets, des propositions de loi ayant pour but de les faire considérer comme partie du domaine de l'Etat, projets qui n'ont pas eu de suite et auxquels on pourrait en opposer de tout contraires également restés sans résultat, ne prouvent absolument rien, et ne font pas faire un pas à la question. Ce sont des documents de peu de valeur.

Le Code civil nous paraît d'ailleurs suffire pour résoudre la question qui nous occupe.

Une chose digne de remarque c'est l'embarras qu'éprouvent les adversaires plus ou moins prononcés des riverains, à s'entendre sur le système qu'ils doivent soutenir, tandis que celui des défenseurs de la propriété privée est simple et unique. Parmi les premiers, les uns veulent voir dans les cours d'eau non navigables ni flottables un bien du domaine de l'Etat, d'autres lui attribuent le courant d'eau et non le lit; d'autres font trois classes des cours d'eau, lui attribuent ce qu'ils appellent les grandes et petites rivières, et délaissent les ruisseaux aux riverains. Enfin, la Cour de cassation n'attribue à personne et laisse dans la communauté primitive les cours d'eau non navigables ni flottables.

Cette multiplicité de propositions ne laisse pas que d'être singulière et d'infirmer les prétentions de leurs auteurs; les riverains, au contraire, divisent tous les cours d'eau en deux classes et revendiquent la propriété de la deuxième.

Les adversaires des riverains objectent que le droit romain mettait l'eau courante, *aqua profluens,* au nombre des choses communes à tous; que cette eau, par sa nature mobile et sa force indomptable, résiste à toute occupation exclusive; mais l'objection s'appliquerait à toute espèce d'eau, et par conséquent, aux fleuves ou rivières navigables et flottables qui cependant sont déclarés par la loi, tant pour l'eau que pour le lit, propriété de l'Etat; elle s'appliquerait aussi à l'eau d'une source, à celle qui coule dans un canal creusé de main d'homme pour l'irrigation des prairies ou le service des moulins; cependant il est admis que l'eau de cette source, de ce canal, est, ainsi que son bassin ou son lit, une propriété privée. Il en doit être de même de l'eau qui coule dans un lit naturel; car elle ne change pas de nature en changeant de lit. On peut imaginer un cours d'eau d'une certaine étendue, qui dérive d'abord d'une source, puis emprunte un lit naturel, plus bas un lit artificiel, rentre dans un lit naturel et éprouve plusieurs de ces alternatives avant de se jeter dans un fleuve ou dans la mer. Tout le parcours, eau et lit, est du domaine privé. Ce n'est pas toujours la même eau, mais c'est le même volume, et servant aux mêmes usages, soumis à des règles appropriées à ce genre de propriété.

L'eau courante n'est chose commune que pour les besoins indispensables de l'humanité, comme l'air, la lumière, le feu, la mer; la communauté de l'eau est seulement *ad potandum et lavandum*, quand elle coule dans des lieux qui sont à la disposition du public; mais cet usage ne fait pas obstacle à l'appropriation, à la propriété privée. Nous pouvons même ajouter que personne n'a le droit de s'introduire chez autrui, sur sa propriété, sans son consentement, sous prétexte de se livrer à cet usage.

Les adversaires des riverains conviennent assez généralement que, sans l'art. 563 du Code civil, il serait difficile de contester leur droit.

Ainsi, c'est un seul article, un argument unique que l'on nous oppose. Nous répondrons par d'autres articles très-concluants.

L'arrêt de la Cour de cassation refuse aux riverains la propriété de tous les cours d'eau, sans distinction; il repousse la classification que font quelques auteurs en grandes et moyennes rivières, et en ruisseaux. Il n'y a, en effet, de possible qu'une division en deux classes : les rivières navigables et flottables, et les cours d'eau non navigables ni flottables. Les plus faibles cours d'eau sont donc, d'après l'arrêt, choses communes à tous. De la communauté imaginaire des eaux, il conclut à celle du lit. Cela est-il possible, praticable, raisonnable?

Prenons d'abord pour exemple le fonds dans lequel naît une source, et dont les eaux parcourent plusieurs lieues dépendant du même fonds, appartenant au même propriétaire, pour tomber de là dans un fleuve ou dans la mer.

Est-ce qu'on restreindra la propriété du possesseur de la source au bassin qu'elle occupe? à quelques pieds, à quelques pouces, peut-être? est-ce que le lit, dans toute son étendue, depuis la source jusqu'à la sortie du fonds où elle naît, ne lui appartiendra pas également? Est-ce que ce sera chose n'appartenant à personne et commune à tous? N'en dira-t-on pas autant du propriétaire immédiatement inférieur à la source dont le fonds sera traversé par ses eaux qui, en le quittant, iront se jeter à la mer? Autre exemple. Supposons une source nouvellement découverte, et dont les eaux s'écoulent sur les fonds inférieurs. Avec le système de l'arrêt, voilà les propriétaires de ces héritages, par le fait de cet écoulement, dépouillés, à l'instant même où il commence à s'opérer, de la propriété du terrain couvert par les eaux, qui devient, ainsi que ces eaux, chose commune à tous; et si, par un accident quelconque, arrivé peut-être quelques jours après (car on connaît toute la capricieuse mobilité des eaux), la source vient à disparaître, ou les eaux à changer de cours, est-ce que dans le premier cas la chose restera commune à tous, le propriétaire en demeurant absolument dépouillé, et dans le dernier est-ce qu'elle sera attribuée, aux termes de l'art. 563, à celui dont les fonds sont nouvellement occupés? Cela est-il possible?

L'eau et le lit seront-ils chose commune à tous pendant qu'ils sont unis seulement? quand l'eau aura disparu sans s'être frayé un nouveau lit, l'ancien lit sera-t-il encore chose commune à tous? Pour être conséquens, les adversaires des riverains devraient répondre affirmativement; mais comment soutenir cette thèse, d'un objet immobilier, d'un bien dont personne n'est propriétaire et qui est commun à tous comme l'air, la lumière, le feu, les eaux de la mer?

Où est donc la communauté possible à tous sur le cours d'eau qui traverse mon fonds, passe sous ma maison, sous les bâtiments de ma manufacture, dans mes parcs, mes jardins enclos de murs élevés, cours d'eau dont je puis changer le lit autant de fois que je veux dans l'étendue de mes héritages s'il les traverse, ou avec le consentement de mes voisins, s'il les borde seulement, auquel les riverains ont un droit d'usage exclusif, qu'eux seuls ont la possibilité d'aborder, qu'ils doivent entretenir, curer, dans lequel ils exercent seuls le droit de puiser de l'eau, de se baigner, de pêcher, de se promener en bateau, de chasser et qui, seuls enfin, peuvent faire leur profit des terres fertilisantes, des plantes ou arbrisseaux qui s'y trouvent?

Comment prétendre qu'après la suppression du cours d'eau, des tiers pourront venir prendre l'ancien lit qui est sous ma maison, dans mon enclos, au milieu de mes jardins?

Il est un cas où l'on pourrait alléguer la communauté avec une apparence spécieuse, c'est lorsque le lit d'un cours d'eau est un chemin vicinal, et pourtant qui prétendrait qu'on peut dépouiller la commune de son chemin? Comment d'ailleurs soutenir que le lit est chose commune à tous, quand la Cour de cassation a décidé, par arrêt du 7 décembre 1842, qu'un des riverains pouvait en acquérir la propriété exclusive par la prescription?

La communauté de tous est donc une chimère, le cours d'eau est commun entre les riverains exclusivement. Au livre II du Code civil, nous trouvons le titre 2 *de la propriété*. Le troisième article de ce titre porte que la *propriété d'une chose,* soit mobilière, soit immobilière, donne droit sur tout ce qu'elle produit et sur ce qui s'y unit *accessoirement.* Ce droit s'appelle droit d'*accession;* l'article 551 porte, à son tour, que tout ce qui s'*unit* et s'*incorpore* à la chose, appartient *au propriétaire* (de cette chose, cela va sans dire), suivant les règles qui seront ci-après établies. L'article 552 ajoute que la propriété du sol emporte la propriété du *dessus* et du dessous.

Ainsi, quand nous allons voir le Code accorder aux particuliers une chose accessoire, un objet qui s'unit et s'incorpore à un objet principal, nous allons pouvoir affirmer que c'est par une conséquence de la propriété de cet objet principal qu'il leur reconnaît. Les art. 546, 551 et 552 sont positifs à cet égard, *accessorium sequitur principale* (1).

Aussi, l'art. 556 nous dit-il que l'alluvion

---

(1) Locré, *Esprit du Code civil,* commentaire de l'art. 546 s'exprime ainsi : « Le droit de propriété serait un droit inutile s'il ne s'étendait pas sur les produits de la chose, et il est naturel aussi que ce qui vient s'incorporer à la chose et s'identifier avec elle, soit affecté *du même droit de propriété.* »

Dans le cours de la discussion sur l'art. 563, il n'a pas été dit une seule fois que l'on disposait du lit abandonné parce que les riverains ne seraient pas propriétaires de ce lit. M. Galli a invoqué le droit antérieur des riverains sans avoir été contredit sur ce point.

qui se forme au bord des fleuves, rivières, cours d'eau flottables, navigables ou non, appartient indistinctement aux riverains, parce qu'en effet, ces bords sont, dans tous les cas, leur propriété.

S'agit-il d'une île, c'est-à-dire d'un accessoire formé à quelque distance des bords, dans l'intérieur même du lit, la loi distingue et avec juste raison.

Si les bords des rivières et cours d'eau navigables, flottables ou non, appartiennent indistinctement aux riverains, il n'en est pas de même des lits.

Les lits des rivières navigables et flottables appartiennent au domaine public de l'Etat. Les îles formées dans ces rivières doivent donc lui appartenir également; telle est aussi la décision de l'art. 560.

Si les cours d'eau non navigables ni flottables appartiennent à l'Etat ou sont chose commune à tous, le législateur va infailliblement attribuer les îles qui s'y forment à l'Etat ou déclarer que ce sont des choses communes à tous; eh bien! non; il en attribue formellement par l'art. 561, la propriété aux riverains, soit du côté où l'île s'est formée, soit à partir d'une ligne qu'on suppose tracée au milieu *de la rivière*, l'expression *rivière* est ici à remarquer;

la même solution s'appliquerait *à fortiori* à un simple ruisseau, si tant est que l'on pût distinguer l'un de l'autre. La combinaison, le rapprochement des art. 546, 551, 552, 560 et 561 ne laissent donc aucun doute sur la propriété des riverains aux cours d'eau non navigables ni flottables.

Ajoutons que l'art. 644, sur lequel est fondé en partie l'arrêt du 10 juin, est placé sous le chapitre des servitudes qui dérivent de la situation des lieux; or, servitude suppose *propriété* du fonds sur lequel elle s'exerce; le premier article de ce chapitre porte que les fonds inférieurs sont assujettis envers ceux qui sont plus élevés à recevoir les eaux qui en découlent naturellement; que le *propriétaire* inférieur ne peut point élever de digue qui empêche cet écoulement et que le supérieur ne peut rien faire qui aggrave la *servitude du fonds inférieur.*

Cet article 644, placé comme nous l'avons dit au chapitre *des servitudes*, etc., n'accorde pas l'usage de l'eau à tout le monde, ne déclare nullement l'eau chose commune; il en restreint, avec raison, l'usage aux riverains, et nous avons vu que ce n'était qu'aux riverains que la loi du 11 juillet 1847 accordait le droit de barrage du cours d'eau; ainsi, tous les avantages que ces cours d'eau peuvent produire sont pour les seuls riverains, et si les art. 644 et 645 prennent le soin d'en déterminer l'usage, ce n'est que parce qu'il s'agit d'une chose indivise entre un grand nombre d'intéressés.

En présence de ces argumens, que signifie l'objection tirée de l'art. 563 qui a confondu les rivières navigables et les autres cours d'eau? N'est-il pas égaré, déplacé, dans une section qui traite du droit d'accession relativement aux choses immobilières? Est-ce donc une accession que la dévolution de l'ancien lit à des propriétaires, souvent fort éloignés? Comment concevoir sa disposition exorbitante lorsqu'on voit l'article 557 accorder au riverain les relais qui peuvent comprendre l'ancien lit entier, et que ce riverain conserve tous les avantages du cours d'eau?

Les adversaires des riverains disent:

Puisque dans le cas où une rivière navigable flottable *ou non* se forme un nouveau cours en abandonnant son ancien lit, la loi attribue, à titre d'indemnité, aux propriétaires des fonds nouvellement occupés, l'ancien lit abandonné, chacun dans la proportion du terrain qui lui a été enlevé, c'est parce que les riverains ne sont pas propriétaires de ce lit.

Remarquons d'abord que cet article ne s'applique qu'au seul cas de formation d'un nouveau lit et d'abandon de l'ancien, par suite d'une force majeure qui fait exception à toutes les règles, exception qui tient à cette matière spéciale, et dont nous trouvons un autre exemple dans l'article 559 qui fait perdre à un particulier sa propriété parce qu'il a tardé plus d'un an à la réclamer ; qu'il ne dit pas expressément, mais qu'il suppose seulement dans le système des adversaires de la propriété privée des riverains, que ceux-ci ne sont pas propriétaires, tandis que les art. 546, 551 et 560, réunis et combinés, disent formellement qu'ils le sont.

Il suit de là que si, au lieu d'un changement de lit, il s'agit d'une suppression du cours d'eau, soit par la volonté du propriétaire de la source, soit pour cause d'utilité publique (c'était l'espèce de l'arrêt du 10 juin), soit par un accident naturel, l'art. 563 sera inapplicable, et que les riverains conserveront assurément la propriété du lit.

Du reste, le cas prévu par l'art. 563 est susceptible lui-même de plusieurs exceptions.

Nous demanderons d'abord que deviendra la propriété de l'île et du terrain qu'elle recouvre? ne resteront-ils pas au propriétaire riverain qui peut y avoir fait des plantations et constructions? les îles des rivières navigables ne restent-elles pas après le changement de lit propriété privée dans le cas prévu part l'art. 560? Nous convenons que cet effet ne sera pas le moins bizarre de tous ceux produits par l'application de l'article en discussion. Déjà un étranger aura une langue de terre excavée, un sol stérile d'une grande longueur entre des héritages près desquels il pourra, sans grand profit pour lui et au grand dommage de ses voisins, faire des plantations ou constructions, et au milieu de cette langue de terre, une île, propriété de l'ancien riverain augmentera encore l'étrangeté de la situation.

Enfin, n'en devrait-il pas être de même dans le cas où le changement aurait lieu, soit depuis la découverte récente d'une source et l'occupation également récente des terrains inférieurs, soit parce que les eaux prendraient le cours que les accidens de terrain, la direction des lieux rendraient naturel? L'article 640, obligeant les inférieurs à supporter le passage et l'écoulement des eaux, comme servitude, comme une charge imposée par la nature et sans indemnité, ils ne pourraient certes revendiquer les terrains abandonnés.

On voit que les applications de l'art. 563 doivent être infiniment rares, et, par conséquent, on comprend que le législateur ait pu se laisser entraîner un peu légèrement à une exception, séduit qu'il a été par un sentiment d'équité, un système d'indemnité mal entendu et dont les particuliers faisaient seuls les frais; car le lit abandonné d'une rivière navigable appartient à l'Etat, l'Etat le livre en échange de celui nouvellement envahi qui devient sien. L'Etat était libre de disposer de ce qui lui appartenait; il n'éprouve pas de préjudice; un lit est substitué à un autre; il perd l'ancien, mais il devient propriétaire du nouveau; pour les autres cours d'eau, pour les autres rivières, le changement de lit fait tout perdre aux riverains : la propriété du sol, la jouissance de l'eau qui fécondait leurs héritages et faisait mouvoir leurs usines, la pêche, et, en outre, ils éprouvent les inconvéniens d'avoir pour voisins, les propriétaires des fonds nouvellement envahis, qui étaient pourtant assez dédommagés pâr l'avantage que l'usage des eaux peut produire.

L'article 563, nous le répétons, a statué sur un cas spécial, rare, et au lieu de le renfermer dans son espèce, on veut, par un vice de raisonnement, faire sortir un principe général d'une exception.

Les adversaires des riverains objectent encore

le droit de réglementation qui, suivant eux, est exclusif du droit de propriété; mais l'art. 544 nous dit que l'usage de la propriété est souvent modifié par les règlemens administratifs.

Du reste, l'administration est désintéressée dans la question. On lui reconnaît un droit de réglementation des cours d'eau fort étendus qui suffit pour en assurer tous les avantages et prévenir les inconvéniens. Elle n'a aucune prétention à la propriété; et cependant ce sont les ingénieurs et les administrateurs qui insistent le plus pour priver les riverains d'une propriété qui leur appartient bien légitimement.

Il n'en sera pas ainsi. Nous avons la ferme conviction que la cause des riverains finira par triompher.

T. III, p. 137, après le n° 780, ajoutez :

Ces principes ont été consacrés par un arrêt de la chambre des requêtes de la Cour de cassation, en date du 7 décembre 1842, portant rejet d'un pourvoi contre une décision qui avait distingué entre l'usage de l'eau pour l'irrigation des fonds riverains et l'acquisition de la totalité du lit par des faits de possession constitutifs de prescription, et décidé que malgré la continuité de l'irrigation le lit a pu être prescrit; on lit dans le jugement du tribunal de Riom : « Attendu que s'il est incontestable que le lit d'un cours d'eau, considéré comme propriété privée, puisse appartenir exclusivement à l'un des riverains par l'effet d'une convention, il est également certain qu'une possession utile et suffisante produira le même résultat; que la prescription trentenaire pouvant être invoquée, il ne peut y avoir difficulté d'admettre la preuve de la possession annale. »

Sur le pourvoi, arrêt de rejet : « Attendu que le jugement attaqué distingue soigneusement les eaux courantes servant à l'irrigation des deux propriétés qui les bordent, de la portion de terrain qui compose le lit ou fossé dans lequel coulent lesdites eaux, et qu'en jugeant que cette portion de terrain peut appartenir exclusivement à l'un des propriétaires riverains, et se prescrire par une possession caractérisée aux termes de la loi, le tribunal de Riom n'a nullement violé ni faussement appliqué les articles du Code civil invoqués à l'appui du pourvoi, et a fait des principes une juste application (1). »

T. III, p. 156, *après le n°* 795, *ajoutez :*

N° 795 *bis*. Il existe des étangs alimentés par

---

(1) Devilleneuve, 1843, I, p. 221. Dalloz, 1843, I, 35; *Journal du Palais*, 1843, p. 317.

les eaux de la mer, appelés étangs salés. Ils font partie du domaine public lorsqu'ils communiquent directement et immédiatement avec la mer. Mais il en est autrement, et l'étang salé est une propriété privée lorsqu'il n'est point en communication avec la mer, n'est pas navigable, que la communication n'est qu'indirecte, n'a lieu qu'au moyen d'une coupure faite de main d'homme, à une grande distance de la mer, à une digue de rivière soumise au régime de la pêche fluviale, et les tribunaux sont compétents pour juger cette question de propriété ; c'est ce qu'a décidé avec raison un arrêt de rejet de la Cour de cassation, du 6 février 1849 (Devilleneuve, 1849. I, 351. Dalloz et *Journal du Palais*).

Voyez, en outre, un arrêt du Conseil, du 11 avril 1848, et un jugement du tribunal des conflits, du 22 mai 1850, rapportés au recueil de MM. Lebon et Gauté (du Gers).

T. III, p. 157, après la 22e ligne, à la suite des mots : cette suppression doit avoir lieu sans indemnité, *ajoutez :*

Même contre des tiers non copropriétaires de l'étang qui y auraient un droit partiel de pêche, de promenade en bateau, d'abreuvage, de puisage, de prise d'eau, de pacage, de rouissage.

Ils ne pourraient réclamer d'indemnité ni de l'Etat, ni en général du propriétaire de l'étang, quoique celui-ci dût profiter de cette suppression en mettant en culture le terrain de l'étang, qui pourrait peut-être devenir ainsi plus productif. C'est aussi l'opinion de M. Jousselin (*Traité des servitudes d'utilité publique,* t. 1er, p. 338).

L'article 703 du Code civil porte, en effet, que les servitudes cessent lorsque les choses se trouvent en tel état qu'on ne peut plus en user. Cette disposition est générale, absolue, et n'assujettit le propriétaire dont le fonds est libéré à payer aucune indemnité au créancier de la servitude. Ce mode d'extinction était dans les éventualités qui se rattachaient à la nature des choses.

Cette solution aurait lieu même si l'étang avait reçu une sorte de consécration administrative par l'établissement d'un déversoir et par un règlement qu'aurait prescrit l'administration.

Du reste, le dessèchement ou la suppression de l'étang ne pourrait être prescrit que par un décret du chef du pouvoir exécutif, qui déterminerait le mode et les conditions de cette opération.

Mais tant que la destruction n'est pas ordonnée par l'autorité administrative, en vertu et par application des lois, et pour cause de salubrité, le propriétaire de l'étang est obligé de souffrir les droits de servitude ou d'usage auxquels il est assujetti envers les tiers, il a seulement le droit de les éteindre par la voie du cantonnement, aux termes des art. 8 de la loi des 19-20 septembre 1790, 8 de la loi du 28 septembre 1791, 5 de la loi du 28 août 1792. C'est ce qu'a décidé la Cour de cassation, le 5 juillet 1848 (1), en cassant un arrêt de la Cour de Lyon dans une affaire où l'étang était grevé de droits de naisage, brouillage et champéage (2). La Cour de Lyon avait décidé qu'ils constituaient des droits de servitude, et non des droits d'usage; mais la Cour régulatrice a, au contraire, reconnu qu'ils étaient des droits d'usage susceptibles d'être éteints par le cantonnement.

T. III, p. 161, après le n° 799, ajoutez :

Le même principe a été consacré par arrêt du 5 juillet 1848 (3), portant cassation d'un arrêt de la Cour de Lyon, dans une espèce où il s'a-

---

(1) Devilleneuve, 1848, I, p. 698. Dalloz et *Journal du Palais*.

(2) Le naisage est le rouissage du chanvre, le brouillage est la dépaissance dans l'étang en eau, le champéage, le pacage dans l'étang à sec ou sur ses rives et bords en tout temps.

(3) Devilleneuve, 1848, I, p. 697. Dalloz et *Journal du Palais*.

gissait d'étangs dont le sol, d'après les usages invariables de la Bresse, restait couvert par les eaux pendant deux ans, ce qui s'appelait *l'évolage* et demeurait desséché pendant la troisième année pour être livré à la culture, ce qui se nommait *l'assec ;* chaque parcelle des fonds inondés était limitée par des bornes apparentes, et jamais elles ne se confondaient dans la culture qui en avait lieu. Dans ces deux conditions différentes, la possession et jouissance de l'étang se trouvaient alternativement aux mains des propriétaires de *l'évolage* et des propriétaires de *l'assec*, les premiers recueillant les produits de la pêche, les seconds ceux de la culture; ceux-ci participaient même aux produits de l'évolage, à raison des droits de *brouillage, champéage et naisage.* La Cour a décidé que cet état de choses constituait non des propriétés distinctes, mais une véritable indivision que chacun des ayant droit pouvait faire cesser au moyen d'un partage, aux termes de l'art. 815 du Code civil.

T. III, p. 164, *après le n°* 804, *ajoutez :*

Mais le principe que l'alluvion n'a pas lieu à l'égard des étangs, et que le propriétaire conserve toujours la possession de tout le terrain que l'eau couvre quand elle est à la hauteur de la décharge, n'est applicable qu'autant que l'étang a conservé sa nature; il cesse d'être applicable lorsque l'étang a disparu depuis plus de trente ans, et qu'il n'existe plus qu'un simple fossé avec cours d'eau. (Arrêt de la Cour de cassation, du 28 avril 1846; Devilleneuve, Dalloz et *Journal du Palais.*)

Par conéquent, lorsque l'étang a cessé d'exister depuis trente ans, ceux qui en ont possédé le lit pendant cette période, en ont acquis la propriété par la prescription. (Arrêt de la Cour de cassation, du 29 décembre 1845; Devilleneuve, Dalloz et *Journal du Palais.*)

T. III, p. 180, *après la* 11e *ligne, ajoutez :*

Les tribunaux seraient même compétens pour ordonner, dans l'intérêt privé des parties en cause, et, à défaut de représentation de règlement administratif, l'abaissement d'un déversoir à sa hauteur primitive, telle qu'elle résulte d'un état de choses ancien et constant (arrêt de la Cour de cassation du 27 novembre 1844, fondé entre autres motifs sur ce qu'il ne s'agissait pas d'une mesure d'intérêt général qui aurait été dans les attributions de l'autorité administrative, mais d'un débat d'intérêt privé, entre deux riverains, sur le mode de jouissance des eaux.)

Les tribunaux sont également compétens

pour statuer sur la demande du propriétaire d'un moulin bâti avant 1789, et par cela réputé autorisé dans l'état et les conditions résultant de sa possession, contre le constructeur d'un nouveau moulin en amont et non autorisé, qui porte préjudice au premier, et détourne, à l'aide de barrage, les eaux qui lui sont nécessaires ; les tribunaux peuvent faire, dans ce cas, un partage des eaux entre les parties. (Arrêt de la Cour de cassation, du 12 février 1845.)

T. III, p. 228, *après le n°* 874, *ajoutez :*

L'insuffisance de l'autorisation du préfet et la nécessité d'une autorisation émanée du pouvoir souverain (aujourd'hui du président de la république), soit pour permettre *à priori* des établissemens sur cours d'eau, soit pour permettre quelques changemens à une ordonnance portant règlement d'une usine, ont été de nouveau reconnues et déclarées par arrêts du Conseil, des 24 juillet 1845, 24 juillet 1847, 18 juin 1848.

Voici l'espèce et le texte du premier :

Le préfet des Ardennes avait, par un premier arrêté du 7 février 1824, autorisé un sieur Nicolas (depuis, représenté par le sieur Robert Colette) à établir une scierie sur le ruisseau de la Marche, en amont de l'usine des sieurs Royer, Gilmaire et Jobart ; et, par un deuxième arrêté, en date du 2 juin 1842, il avait autorisé le sieur Robert Colette à convertir cette scierie en une usine à foulerie.

Ces arrêtés ayant statué d'une manière définitive sur l'autorisation demandée et les modifications proposées, contrairement à la jurisprudence du Conseil-d'Etat, qui exige, dans ce cas, l'intervention du pouvoir souverain, les sieurs Royer, Gilmaire et Jobart, auxquels les arrêtés portaient préjudice, les attaquèrent pour vice d'incompétence devant le Conseil-d'Etat, qui admit leur pourvoi en ces termes :

« Considérant qu'il n'appartient qu'à nous d'autoriser les établissemens de nouvelles usines, de modifier les anciennes et de faire des règlemens d'eau ; que les préfets ne sont compétens que pour préparer lesdits règlemens ou prendre des mesures provisoires ; que dès lors, le préfet des Ardennes, en autorisant, d'une manière définitive, l'établissement de l'usine appartenant au sieur Robert Colette et les modifications que ledit sieur Robert Colette a apportées à cette usine, a excédé ses pouvoirs ;

« Les arrêtés du préfet des Ardennes, des 7 février 1824 et 2 juin 1842, sont annulés, sauf aux parties intéressées à se pourvoir devant nous pour demander les autorisations dont il s'agit. »

Un arrêt du 18 juin 1846 a annulé un arrêté de préfet, qui avait fait un règlement général en fixant la largeur du lit du cours d'eau, les hauteurs des radiers des ponts, des barrages, des seuils des vannes, et ordonné l'exécution immédiate de ces dispositions.

Un autre arrêt du Conseil, du 10 mars 1848, a même décidé qu'il n'appartient qu'au chef du pouvoir exécutif d'autoriser et de réglementer définitivement les barrages construits et à construire sur les rivières navigables ou non navigables ni flottables; que les préfets ne peuvent prendre à cet égard que des mesures provisoires commandées par les circonstances, et qu'ils peuvent conséquemment modifier en cas de circonstances nouvelles.

Il a été décidé aussi, par arrêt du Conseil, du 24 juillet 1847, rendu sur le pourvoi des sieurs Gibert et consorts, que le préfet n'avait pu autoriser l'établissement d'un nouveau moteur extérieur à une usine et la translation de vannes dans un emplacement autre que celui qui avait été déterminé par l'ordonnance d'autorisation; que de pareilles mesures ne pouvaient émaner que du chef de l'Etat.

Un arrêt du conseil Oudot, du 18 juin 1848, a encore décidé que le préfet ni le ministre ne pouvaient autoriser des changements ou augmentations aux usines, de nature à influer sur le régime des eaux.

Mais depuis quelle époque l'autorisation du préfet a-t-elle été insuffisante?

Nous avons dit, en rappelant un avis du comité de l'Intérieur, du 31 octobre 1817, rapporté au répertoire de M. Favard de Langlade (v°. *moulins et usines*, art. de M. Tarbé de Vauxclair, maître des requêtes et inspecteur-général des ponts-et-chaussées), que ce n'était qu'à partir de cet avis approuvé par le ministre que l'autorisation du pouvoir souverain avait été exigée. Cependant, il faut reconnaître que cet avis, en proclamant la nécessité de cette formalité, se fonde sur la législation existante, sur l'application qu'elle a reçue par de fréquents décrets impériaux ou ordonnances royales permettant l'établissement de moulins et usines.

Le Conseil-d'Etat, par arrêt du 18 août 1849, rendu sur le pourvoi du sieur Truelle Miollet, qui demandait à l'Etat une indemnité à raison du chômage de son usine sur cours d'eau non navigable, a décidé qu'il ne lui en était pas dû à raison d'une troisième roue mouleresse, autorisée, le 18 vendémiaire an VI, par l'administration centrale du département de l'Aube, et depuis, avec quelques modifications, par le préfet, le 2 octobre 1818. On lit, entre autres motifs, dans l'arrêt du Conseil, « que l'augmentation de force motrice (la troisieme roue mouleresse) ne peut être regardée comme légale et en conséquence donner lieu à une indemnité en cas de suppression, que s'il est justifié qu'elle a été autorisée spécialement par l'administration compétente; que d'après les dispositions des lois des 12-20 août 1790, 6 octobre 1791, 20 septembre 1792, de l'arrêté du gouvernement du 13 nivôse an V, de l'instruction du 24 pluviôse an V, de l'arrêté du gouvernement du 19 ventôse an VI, de l'instruction du 19 thermidor an VI et de celle du 9 pluviôse an VII, c'est à *l'administration supérieure* qu'il appartient d'accorder définitivement les autorisations d'établissements d'usines sur les cours d'eau ou de permettre les modifications aux usines précédemment existantes.

« Que les autorisations accordées les 18 vendémiaire an VI, par l'administration départementale, et 2 octobre 1818, par le préfet, ne constituaient pas un titre légal, et que, conséquemment, l'existence de la troisième roue ne pouvait entrer dans la fixation de l'indemnité. »

On peut voir encore une décision assez analogue, rendue contre le sieur Glais-Bizoin, le 15 mars 1844. On trouvera ces décisions à leurs dates au *Recueil* de M. Félix Lebon.

De tout cela ne faut-il pas conclure que jamais l'autorisation des administrations départementales n'a suffi? que de l'abolition de la féodalité à celle de la royauté, une autorisation du souverain a été nécessaire pour la légalité de l'existence d'un établissement ?

Que de cette dernière époque jusqu'à l'arrêté du 19 ventôse an VI, l'autorisation ministérielle a suffi, et qu'ensuite il a fallu une autorisation du directoire, puis des chefs ou du chef de l'Etat qui lui ont succédé? Tout cela nous semble bien rigoureux, mais résulter pourtant de la jurisprudence du Conseil-d'Etat.

T. III, p. 229, *après le n°* 876, *ajoutez :*

La légalité d'un établissement peut aussi résulter d'une adjudication par l'Etat.

La vente nationale d'un moulin à eau, tel qu'il se poursuit et comporte avec tournans et travaillans, confère à ce moulin une existence légale, et si aucune clause de l'acte de vente n'interdit à l'acquéreur ou à ses représentans le droit de réclamer une indemnité en cas de suppression ou de chômage pour cause d'utilité publique, l'usinier alors a droit à une indemnité. (Arrêts du Conseil, des 11 juillet et 27 novembre 1844, 25 juin, 11 et 24 juillet 1845, 29 juillet et 5 septembre 1846, 16 novembre 1850.)

Nous appliquerions la même solution au cas de vente nationale d'une chute d'eau, avec faculté de rétablir le moulin alors détruit, et l'indemnité devrait être limitée à la valeur de la chute d'eau si le moulin avait été rebâti sans autorisation.

Mais comme nous l'avons déjà dit, p. 79, cette indemnité ne doit pas porter sur l'augmentation de force motrice qui aurait eu lieu par des travaux exécutés depuis la vente nationale et non autorisés par le pouvoir compétent. (Arrêts des 11 juillet 1844 et 5 septembre 1846, 18 août 1849.)

Le Conseil-d'Etat a en outre décidé, par arrêt du 28 août 1844, que la preuve de l'existence légale d'un établissement peut encore, à défaut d'actes écrits émanés de l'autorité compétente, résulter des circonstances et notamment de l'époque de la construction de l'usine, de la qualité de ses constructeurs, du caractère de la transmission qui en avait été faite, et même, suivant les cas, de la prescription acquise avant les lois abolitives de la féodalité.

Cette jurisprudence concerne les moulins et usines établis avant 1790. Quant à ceux bâtis depuis il y a plus de difficulté. (Voy. *Régime des eaux*, n°s 1099 et suiv.)

T. III, p. 239, *après le n°* 885, *ajoutez :*

Des arrêts du Conseil, des 29 juin 1844, 10 mars, 6 mai et 18 octobre 1848, 2 février et 8 juin 1850, 11 janvier et 1er mars 1851, ont de nouveau et très-explicitement consacré le principe que les ordonnances ou décrets d'autorisation, de réglementation des moulins et usines n'étaient que des actes d'administration qui ne pouvaient être attaqués par la voie contentieuse devant le Conseil-d'Etat, lorsqu'ils avaient été précédés de toutes les formalités prescrites, mais que ces ordonnances ou décrets ne faisaient aucun obstacle à ce que les parties fissent valoir devant les tribunaux leurs titres et droits privés si elles s'y croyaient fondées.

Nous pourrions rappeler un plus grand nombre d'arrêts dans le même sens, mais ce serait une citation superflue ; le principe est désormais bien fixé par une jurisprudence constante à laquelle il faut se soumettre.

Trois autres arrêts du Conseil, des 25 avril 1842, 22 et 28 août 1844, ont encore décidé que les tribunaux sont compétens pour connaître entre propriétaires d'usines et prairies de questions d'intérêt privé et de l'application de titres particuliers.

Remarquons, en passant, qu'un arrêt du

Conseil, du 15 juillet 1842, a annulé sur pourvoi, par la voie contentieuse, une ordonnance d'autorisation d'usine parce que la demande n'avait pas été suivie d'affiche et d'enquête, aux termes du règlement.

Nous ne saurions donc trop recommander aux intéressés de vérifier si les formalités ont été ou non observées, pour ne s'adresser au contentieux du Conseil-d'Etat qu'en cas d'inobservation de ces formalités.

T. III, p. 247, *après le n°* 890, *ajoutez :*

Deux autres arrêts du Conseil, des 16 juillet 1842 et 9 février 1850, ont de nouveau décidé que le recours au contentieux du Conseil-d'Etat, n'était pas recevable contre un refus d'autorisation de construire une usine ou de conserver celle irrégulièrement établie. Le dernier arrêt est ainsi motivé :

« Considérant qu'il appartient exclusivement à l'autorité administrative de permettre, dans les formes et aux conditions prévues par la loi, l'établissement des usines nouvelles, et que le refus d'autorisation est un acte administratif contre lequel aucun recours n'est ouvert par la voie contentieuse.... »

Tout en persistant dans notre opinion contraire à cette jurisprudence, nous ne conseillons pas la lutte, par des pourvois que le Conseil-d'Etat repousserait toujours. Ce serait faire des frais en pure perte. Toutefois, nous ne pouvons nous dispenser de dire que nous ne concevons pas qu'un ministre puisse devenir le maître de la fortune, de l'avenir d'un particulier, d'une famille, et nous pensons qu'une discussion contradictoire devrait être ouverte au Conseil-d'Etat par la voie contentieuse, comme en matière d'ateliers insalubres, tant au demandeur en autorisation qu'aux opposans. Ces observations nous conduisent à faire remarquer combien une loi sur les cours d'eau serait nécessaire. Nous l'appelons de tous nos vœux.

T. III, p. 247, *après le n°* 891, *ajoutez :*

A plus forte raison, lorsqu'un moulin, soit sur un cours d'eau non navigable, soit sur une rivière qui n'est navigable ou flottable qu'au-dessous du point où il est situé et ayant une existence ancienne (remontant, par exemple, au dix-septième siècle), a été vendu comme bien national, sans qu'aucune clause de l'acte de vente ait interdit à l'acquéreur ou à ses représentans, le droit de réclamer une indemnité en cas de chômage nécessité par des motifs d'utilité publique, ce moulin doit-il être considéré comme ayant une existence légale, et le propriétaire est-il fondé, en cas de diminution de force motrice ou de chômage de son usine, par suite d'exécution de travaux publics, à demander la réparation du préjudice qu'il aurait éprouvé. (Voy. ce que nous avons dit p. 75-80 de ce *Supplément*.) Nous avons expliqué les règles d'après lesquelles on doit juger de la légalité de l'existence des usines. Ainsi qu'on l'a vu, ce n'est que pour celles situées sur les rivières navigables et flottables que la preuve de l'existence antérieure à l'édit de 1566 ou à la navigabilité ou flottabilité déclarée ou établie depuis cette époque est exigée (arrêts du Conseil du 30 mars 1846 et 25 janvier 1851); quant aux autres, l'existence antérieure à 1790, l'autorisation seigneuriale formelle ou présumée, ou la prescription suffisent.

Le Conseil de préfecture est, en général, seul compétent pour rechercher si l'usine a une existence légale et pour fixer le chiffre de l'indemnité. (Arrêts du Conseil, des 27 novembre 1844, 16 janvier et 27 août 1846, 28 novembre 1850.)

L'autorité administrative a seule le pouvoir de décider depuis quelle époque une rivière est flottable (27 août 1846).

T. III, p. 251, après le n° 894, ajoutez :

Nous persistons, malgré la jurisprudence contraire, à penser que la clause de non-indemnité ne devrait pas être insérée dans les autorisations d'usines sur cours d'eau non navigables ni flottables ; qu'une pareille clause doit paralyser l'industrie, empêcher la formation d'établissemens considérables, aucune personne raisonnable ne voulant s'exposer à perdre toute sa fortune si elle la mettait dans une usine ; qu'elle est contraire au droit de propriété des riverains sur ces cours d'eau et n'est autorisée par aucune loi ; que l'administration n'a pas la faculté de refuser une autorisation comme sur les rivières navigables ; qu'elle est seulement chargée de vérifier si l'établissement sera nuisible, dommageable ou non, et de prescrire les conditions et précautions pour éviter les inconvéniens. Du reste, l'administration a été si peu sûre de son droit, que sa marche a été incertaine et variable. Jusqu'en 1810, la clause n'a pas été insérée dans les autorisations ; de 1810 à 1829, elle l'a été, au contraire, assez généralement ; en 1829, nouvelle cessation d'insertion de la clause. Plus tard, la question ayant été soumise au Conseil-d'Etat, ce Conseil fut d'avis, le 14 juillet 1841, que la clause de non-indemnité devait être insérée, et depuis, en effet, elle l'a été constamment; reste à savoir si elle est obligatoire. Peut-on dire à des riverains : « Où vous accepterez la clause, ou vous n'userez pas de la chute précieuse, chèrement payée existante sur votre propriété? » Peut-on prétendre qu'ils sont liés par la clause dès qu'ils ont bâti l'usine? Nous ne le croyons pas. Cette clause, contraire aux lois, au droit du propriétaire, à la nécessité d'une *juste* et *préalable* indemnité en cas d'expropriation, nous paraît devoir être réputée non écrite; les riverains ne l'acceptant que comme contraints et forcés, elle ne *doit* pas empêcher l'allocation d'une indemnité entière.

Nous convenons d'ailleurs que la jurisprudence du Conseil-d'Etat est entièrement contraire à notre opinion. Elle décide que la clause est très-légale et est obligatoire pour les riverains; elle leur fait la *faveur* de réserver, quant aux usines antérieures à l'autorisation, les droits qui pouvaient résulter de leur ancienne existence. Les avantages résultant de la nouvelle autorisation peuvent seuls être enlevés gratuitement; il y a, en effet, des moulins bâtis très-régulièrement sans permission administrative et qui ont été récemment réglementés. (Voy. arrêts du Conseil, des 26 novembre et 15 décembre 1846, 30 janvier et 27 mai 1847, 6 mai

1848, 22 mars 1851.) On peut voir encore un arrêt de la Cour de cassation, du 18 avril 1843, qui paraît incliner pour cette jurisprudence.

On peut voir aussi ce que nous disons, quatrième volume de notre *Régime des eaux*, n° 1144.

T. III, p. 251, *après le n°* 895, *ajoutez :*

Un arrêt de la Chambre civile, du 13 août 1850, a nettement consacré le principe que le propriétaire d'un moulin l'est aussi de plein droit, et sans être assujetti à aucune preuve, du biez ou fossé creusé de main d'homme qui sert à conduire les eaux à ce moulin. On trouvera cet arrêt avec l'espèce et une analyse de la discussion plus bas dans ce *Supplément*, p. 96.

T. III, p. 254, *après le n°* 896, *ajoutez :*

Nous persistons dans notre opinion sur la propriété des pentes, ou chutes d'eau existant le long des cours d'eau non navigables ni flottables.

M. Raymond Bordeaux, dans son très-bon ouvrage déjà cité, partage notre sentiment.

T. III, p. 261, *après le n°* 899, *ajoutez :*

Un arrêt de la chambre civile, du 9 août 1843, rendu entre les sieurs Amat, Drulhon et

Cavalier, a consacré les mêmes principes de la manière la plus positive. (Voy. ce que nous en disons, p. 36 de ce *Supplément.*)

T. III, p. 263, *après le n°* 905, *ajoutez :*

La Cour de cassation a rendu, le 8 janvier 1851 (1), dans un cas de vente d'un moulin par un propriétaire de prairies en amont, un arrêt extrêmement important, mais dont la solution nous semble contestable.

Le régime des eaux d'une usine avait été réglé à des hauteurs différentes en 1827 et 1833; le régime de 1833, moins favorable à l'usine, n'avait pas reçu d'exécution. En 1835 et 1838, Baudry achète l'usine des divers ayant droit; silence dans le contrat sur la hauteur des eaux. Il paraît certain que l'acquéreur connaissait l'arrêté de 1833, parce qu'il était fermier de l'établissement.

Les sieurs Chaudron vendeurs pour partie, propriétaires de prairies en amont, se plaignent d'inondations et demandent à l'administration que l'usine soit ramenée au point d'eau fixé en 1833; renvoi devant les tribunaux pour l'interprétation des actes de vente.

---

(1) Dalloz, 1851, 1, p. 7.

La Cour de cassation a décidé, par application de l'art. 1614, portant que la chose doit être délivrée en l'état où elle était lors de la vente, et de l'art. 1628 sur la garantie des faits personnels du vendeur, que celui-ci ne pouvait réclamer l'exécution de l'arrêté de 1833 et devait se soumettre à l'état de choses créé en 1827 et existant lors de la vente.

T. III, p. 265, *après le n°* 909, *ajoutez:*

D'après deux arrêts du Conseil, des 23 avril et 28 décembre 1849, les propriétaires de moulins doivent seuls supporter le curage des ruisseaux sur lesquels sont situés leurs établissements, lorsque *les anciens usages* constans et reconnus les y assujettissent; ces anciens usages, en l'absence d'anciens ou de nouveaux règlements contraires, font loi pour les propriétaires et pour les juridictions administratives.

Les propriétaires ont seulement la ressource de provoquer un règlement d'administration publique qui modifie ces usages.

T. III, p. 301, *après le* 1er *paragraphe du n°* 68, *ajoutez:*

On pourrait aussi, sans nul doute, constituer valablement un droit de prise d'eau et d'aqueduc, soit à raison d'un fonds spécialement désigné, dont n'est pas encore propriétaire celui en faveur de qui il est stipulé, mais qu'il se propose d'acquérir, soit d'une manière générale, à raison des héritages qu'il pourrait acquérir dans une commune voisine, ou sur des fonds que celui qui consent à la servitude se propose d'acheter.

T. III, p. 313, *après le n°* 983, *ajoutez :*

Il faut décider, par application des principes ci-dessus développés, qu'une prise d'eau qui, d'après les conventions faites entre les parties, serait limitée à un volume déterminé ne pourrait être augmentée par l'effet de nouveaux travaux, alors même qu'ils auraient reçu l'approbation de l'autorité administrative. Nous avons déjà dit que l'administration devait s'arrêter devant les stipulations privées, toutes les fois que leur exécution se renfermait dans le cercle des intérêts particuliers, et ne causait aucun préjudice à l'intérêt public ou général. Le riverain, au détriment duquel aurait lieu l'augmentation de prise d'eau, serait donc bien fondé à demander aux tribunaux l'exécution des conventions. (Arrêt de la Cour de cassation, du 15 janvier 1850. Devilleneuve, 1850, I, p. 294. Dalloz, I, 1850, p. 172. *Journal du Palais.*)

T. III, p. 326, *après le n°* 1002, *ajoutez :*

La Cour de cassation, chambre civile, a rendu, le 18 juillet 1843 (1), une décision qui semble contrarier ces principes puisqu'on lit dans ses motifs comme dans ceux de l'arrêt d'appel, que le droit de passage réclamé n'était pas une conséquence nécessaire du droit de canal ou d'aqueduc, non plus que du droit de surveillance pour l'entretien du canal et la constatation des œuvres nuisibles à l'exercice du droit.

On ne comprend guère comment celui qui a le droit d'aqueduc pourrait faire réparer les rives, et faire constater l'existence des œuvres nuisibles sans avoir la possibilité de passer sur les bords, lui, ses domestiques et ouvriers, et d'y déposer les matériaux nécessaires, les matières provenant du curage.

L'arrêt pourrait toutefois s'expliquer par cette considération que le créancier prétendait à un passage constant, permanent, tandis qu'il ne pouvait avoir droit qu'à une servitude spéciale, limitée au cas où il serait constaté qu'il pouvait avoir besoin d'en user. Ce qui prouve la justesse de l'interprétation que nous donnons à l'arrêt du 18 juillet 1843, c'est qu'un arrêt

(1) Dalloz, 1843, I, p. 410.

postérieur de la même Cour (6 mars 1844), dit positivement que le terrain des francs bords lorsqu'il appartient à un tiers, doit rester assujetti à la servitude nécessaire pour assurer la continuation d'existence du canal, conformément à sa destination.

Nous trouvons la même décision dans un arrêt de la Cour de Bordeaux, du 23 mars 1849 (1), qui tout en refusant au propriétaire d'un moulin alimenté par un canal fait de main d'homme la propriété des francs-bords, par appréciation de circonstances de fait et de la possession en faveur du riverain, reconnaît, comme l'avait fait celui-ci, que l'usinier a un droit de servitude sur ces bords, c'est-à-dire le droit d'y passer, d'y jeter les terres provenant du curage, etc....

T. III, p. 334, après la 5e ligne, ajoutez :

C'est un principe général que ceux qui ont un droit d'aqueduc, ceux qui creusent des canaux navigables, flottables ou non, sont obligés de les entretenir en bon état, de réparer les préjudices et dégâts qui peuvent être causés aux berges, aux fonds riverains. Un arrêt des chambres réunies de la Cour de cassation, du 20 mars

(1) Devilleneuve et Carrette, 1849, II, p. 354.

1848 (1), rendu, sur les plaidoiries de MM. Fabre et Avisse, en consacrant les moyens développés par ce dernier, a appliqué ce principe qu'il a déclaré *de droit commun*, à la rivière d'Iton, canalisée pour le flottage. Il a mis cette obligation à la charge des concessionnaires de l'établissement du flottage. Nous lisons, en outre, dans les motifs de l'arrêt que l'art. 645 du Code civil, ordonnant aux tribunaux de faire exécuter les règlemens administratifs, il en résulte qu'ils ont le droit incontestable de reconnaître le véritable sens des dispositions qui y sont contenues, sans être tenus de renvoyer, pour leur interprétation, à l'autorité administrative.

Cette seconde partie de l'arrêt nous paraît renfermer une doctrine trop absolue; les tribunaux ne sont dispensés de renvoyer à l'administration, que lorsque le sens des actes administratifs, quoique contesté entre les parties, ne leur paraît pas douteux. Quand il y a doute, il y a véritablement lieu à interprétation, qui ne peut être donnée que par l'autorité dont les actes sont émanés.

Un autre arrêt du Conseil, en date du 3 mai 1850, a encore décidé qu'une compagnie con-

(1) Devilleneuve, 1848, I, p. 351 ; Dalloz, 1848, I, p. 72.

cessionnaire d'un canal qui n'avait pas entretenu les francs-bords en bon état, maintenu la largeur que devait avoir le chemin de halage, était responsable des accidens et des dommages qui étaient la suite de cette infraction à ses obligations.

Il s'agissait d'une indemnité réclamée par un conducteur de bateaux qui avait perdu trois chevaux tombés dans la Sambre canalisée.

Un arrêt du Conseil-d'Etat, en date du 8 avril 1847, rendu sur le pourvoi du sieur Bouillant-Dupont, a décidé que les brèches, les dégradations faites aux rives ou berges d'une rivière flottable (il s'agissait aussi de l'Iton), n'étaient pas de plein droit présumées l'œuvre des riverains, qui ne pouvaient être condamnés à les réparer quand il n'était pas prouvé qu'ils en fussent les auteurs; que c'est à l'administration à faire les travaux, sauf recours contre qui de droit.

Un autre arrêt du Conseil, du 3 août 1850, a condamné un sieur Petit pour avoir dégradé les digues ou francs-bords d'un canal. Il paraît bien qu'il n'était ni riverain, ni usinier voisin. Les dégradations étaient constatées par procès-verbal d'un garde cantonnier. Ce procès-verbal aurait pu être détruit par la preuve contraire, car il ne faisait pas foi, jusqu'à inscription de faux, ainsi que l'a décidé le Conseil; mais le prévenu n'avait pas demandé à faire la preuve contraire du fait à lui imputé.

T. III, p. 339, *après le n°* 1023 bis, *ajoutez :*

Les infiltrations nuisibles aux voisins et provenant du vice de construction ou du défaut d'entretien de l'aqueduc, donneraient lieu à des dommages-intérêts. Un arrêt du Conseil, en date du 23 mars 1850, a condamné, dans des circonstances semblables, l'Etat, propriétaire d'un canal à indemniser des propriétaires voisins; par conséquent, un particulier, propriétaire d'un canal même non navigable, ne pourrait se soustraire à cette obligation.

T. IV, p. 35, *après le n°* 1089, *ajoutez :*

Le principe que le propriétaire d'un moulin l'est également du canal artificiel qui y conduit les eaux, et que la présomption de propriété des francs-bords doit céder à la preuve contraire, a été de nouveau et plus formellement encore consacré par un arrêt fort remarquable de la Cour de cassation, du 13 août 1850 (1), rendu, sur le pourvoi du sieur Mathon, contre le préfet de l'Ain. En voici l'espèce:

---

(1) *Journal du Palais*, 1850. T. 2, p. 322; Dalloz, 1850, 1-265. Devilleneuve, 1858-1-721.

Le sieur Mathon est propriétaire d'un moulin qui est mis en mouvement par les eaux de la rivière de la Calonne, lesquelles eaux arrivent au moulin au moyen d'un canal ou fossé creusé de main d'homme, qui borde, sur une certaine longueur, la route départementale de Bazé à Trévoux. Le sieur Mathon a prétendu être propriétaire du canal qui était, selon lui, la dépendance nécessaire de son moulin, et il a prétendu également être propriétaire des francs-bords qu'il considérait comme l'accessoire de ce canal et qui, disait-il, devaient avoir une largeur d'un mètre 33 centimètres.

Le préfet de l'Ain, au nom de ce département, a soutenu, au contraire, que ce canal n'était autre chose que le fossé de la route et dont, par conséquent, il faisait partie, et qu'il en était de même, à plus forte raison, des francs-bords de ce fossé.

9 juillet 1846, jugement du tribunal de Trévoux qui, par diverses considérations tirées des faits, des circonstances de localités et des actes, décide que Mathon n'est pas propriétaire des francs-bords; quant au canal, le jugement se fonde sur ce que ni Mathon, ni le préfet n'établissent qu'ils en ont la propriété, et décide que le cours d'eau dont il s'agit, ne peut exister au profit de Mathon qu'à titre de servitude. Appel par le

sieur Mathon ; mais, le 18 août 1847, arrêt de la Cour de Lyon, qui confirme, en adoptant les motifs des premiers juges.

Pourvoi en cassation par le sieur Mathon, ayant M. Moreau pour avocat, pour violation des art. 523, 546 et 1315 du Code civil, en ce que l'arrêt attaqué a refusé de reconnaître au demandeur en cassation, propriétaire d'un moulin, la propriété du canal qui était l'accessoire nécessaire de ce moulin et des francs-bords qui étaient une dépendance du canal.

M. Avisse, avocat du préfet de l'Ain, a d'abord soutenu, quant à la propriété des francs-bords, que tout était jugé en fait par appréciation des circonstances de localité et des actes par l'arrêt de Lyon; que la Cour de cassation ne pouvait réviser une pareille appréciation, qui d'ailleurs était juste et bien fondée.

Quant à la propriété du fossé, il a soutenu qu'il n'avait pas été reconnu et déclaré par l'arrêt que ce fossé fût un canal creusé de main d'homme pour le service du moulin ; que cette déclaration nette et positive eût cependant été nécessaire, en présence de l'articulation du préfet, qu'il ne s'agissait que d'un fossé dépendant de la route départementale, pour que le système du demandeur eût une base; que l'arrêt attaqué a décidé en fait que le sieur Mathon n'avait pas établi sa propriété sur le canal ; que le système de la propriété d'un canal artificiel comme conséquence de la propriété du moulin ne repose sur aucun texte de loi ; que ce n'est tout au plus qu'une présomption simple admise par quelques auteurs, mais que cette présomption ne peut avoir d'influence dans le cas où, comme dans l'espèce, il y a au moins doute sur la question de savoir si le fossé a été créé pour le service de la route ou pour celui du moulin.

Voici le texte de la décision qui est d'autant plus importante qu'elle émane de la chambre civile et a prononcé une cassation :

« La Cour, en ce qui concerne le chef de l'arrêt attaqué relatif à la propriété des francs-bords du canal litigieux; attendu qu'en admettant en faveur du propriétaire d'un canal artificiel la présomption de la propriété des francs-bords, cette présomption serait de la nature de celles qui peuvent être combattues par des présomptions et des preuves contraires; attendu qu'il est reconnu dans l'espèce, d'après les circonstances de la cause, et déclaré en fait par l'arrêt attaqué dont les appréciations sur ce point sont souveraines, que la propriété des francs-bords du canal litigieux appartient au défendeur ; qu'en le décidant ainsi, ledit arrêt n'a violé aucune disposition de loi, rejette le pourvoi sur ce chef.

« Mais en ce qui concerne le chef relatif à la propriété du canal ; vu les art. 546 et 1352 du Code civil, attendu qu'un canal artificiel affecté à l'alimentation d'un moulin en est l'accessoire nécessaire et la dépendance ; que dès-lors et en vertu de la présomption établie en l'article 546 du Code civil, laquelle ne peut céder qu'à la preuve contraire, la propriété du moulin implique la propriété du canal sans lequel il ne pourrait être exploité, d'où il suit que, en reconnaissant au demandeur un simple droit de servitude sur le canal litigieux, après avoir cependant déclaré que le défendeur ne justifiait pas lui-même d'un droit de propriété sur ledit canal, l'arrêt attaqué a méconnu la présomption de propriété établie, à défaut de preuve contraire, en faveur du demandeur, par l'art. 546 du Code civil, et a expressément violé les dispositions ci-dessus visées, casse. »

T. IV, p. 37, après le n° 1090, ajoutez :

Cette doctrine a été expressément consacrée par trois arrêts de la Cour de cassation, des 6 mars 1844, 28 avril 1846, 13 août 1850, qui, tout en reconnaissant que le propriétaire d'un moulin alimenté par un canal artificiel est présumé aussi propriétaire des francs-bords, ont admis l'acquisition de ces francs-bords au profit des tiers par le moyen de la prescription ou de présomptions contraires.

Un autre arrêt de la Cour de Bordeaux, du 23 mars 1849, décide que si le propriétaire du canal est considéré comme propriétaire des francs-bords, ce n'est qu'en vertu d'une présomption simple, qui doit céder à la preuve et même à des présomptions contraires, ou à la prescription.

Ainsi, ces quatre arrêts ont posé en principe que le canal proprement dit, le fonds pouvait être possédé séparément des berges ; que ces deux objets pouvaient appartenir à deux propriétaires différents ; que le premier pouvait être resté la propriété du maître du moulin, tandis que les berges ou francs-bords pouvaient avoir été acquis par des tiers ;

Qu'enfin, comme nous l'avons déjà dit, l'un et l'autre étaient présumés appartenir au maître du moulin et devaient lui être conservés jusqu'à preuve contraire, qui devait reposer sur des faits graves de jouissance exclusive et non équivoque de la part des riverains. (Arrêt du 6 mars 1844.)

C'est là, nous le répétons, la confirmation de la doctrine que nous avons développée avec assez d'étendue dans notre *Régime des eaux*.

T. IV, p. 38, *après le n°* 1092, *ajoutez :*

Ces principes sont confirmés par un arrêt du Conseil-d'Etat, rendu en faveur de M. de Dauvet, et que nous citons, p. 5 de ce *Supplément*.

T. IV, p. 45, *après le n°* 1097, *ajoutez :*

N° 1097 *bis*. Nous avons dit dans notre *Traité des actions possessoires,* éditions de 1835 et de 1847, p. 273, que l'art. 671 du Code civil, sur la distance des plantations, était applicable aux cours d'eau naturels ou artificiels.

M. Pardessus, *Traité des servitudes,* 8e édition, t. I, pages 434, 435, partage notre sentiment ; il décide que lorsqu'un cours d'eau est mitoyen, la distance se compte du milieu du lit ; que s'il appartient à un seul, elle se compte de la rive de celui qui plante ; que dans le cas où le cours d'eau est artificiel, forme le bief d'une usine, c'est de la limite des francs-bords, et qu'enfin lorsque les francs-bords n'appartiennent pas au maître du moulin dont les droits sont restreints au fond du lit, elle se compte de la rive de l'auteur de la plantation.

M. Daviel, *Traité des cours d'eau,* nos 700, 842, 861, conteste toutes ces solutions ; il pense que le riverain n'est tenu à observer aucune distance, parce qu'un cours d'eau ne peut être considéré comme un héritage, expression employée par l'article 671, et que les branches, les racines, l'ombre ne peuvent lui nuire. Il paraît même ne pas admettre d'exception dans le cas où le cours d'eau aurait moins de deux mètres de largeur. Nous avons déjà, dans notre ouvrage précité, répondu à ces objections.

Nous ajouterons que le droit romain considérait l'eau vive comme partie du fonds, de l'*héritage,* et qu'on ne peut distinguer entre les divers héritages là où la loi ne distingue pas; que le terrain, le lit, soit du cours d'eau naturel, soit du lit artificiel, peut être mis à sec par un événement naturel ou par la volonté des propriétaires, rendu à la culture ou couvert de constructions, et qu'il serait intolérable que l'auteur des plantations pût les conserver sous prétexte qu'elles n'étaient pas défendues par la loi quand elles ont été faites. Notre solution s'appliquerait à plus forte raison au cas où, le cours d'eau ayant moins de deux mètres de largeur, le riverain prétendrait planter des arbres de haute tige au bord de l'eau. Comment d'ailleurs passer sur les bords pour l'entretien du cours d'eau et y déposer les matériaux, les produits du curage, s'ils sont plantés?

Quant aux arrêts cités par M. Daviel, ils ont été rendus dans des espèces particulières, sont fondés sur des usages, d'ailleurs contestables, et ne peuvent faire obstacle à l'application du principe quand il n'existe pas d'usages.

Nous avons dit, t. III, p. 204, n° 862 de notre *Régime des eaux,* que des tiers ne pouvaient pêcher dans le bief d'un moulin. Nous ajouterons qu'ils ne pourraient pas non plus y chasser, et que la solution serait la même dans les deux cas quoique le maître du moulin n'eût que le fond du bief sans les berges ou francs-bords qui appartiendraient aux riverains.

T. IV, p. 59, *après le n°* 1104 bis, *ajoutez :*

Mais il faut entendre ce principe sainement, et ce ne serait pas aggraver la servitude d'aqueduc que de consacrer à l'exploitation d'un moulin nouvellement construit sur le fonds dominant le même volume d'eau qui avait toujours servi à son irrigation, lorsque le canal existant sur le fonds servant n'est ni agrandi, ni changé, que le volume et le passage de l'eau n'est ni plus considérable, ni plus fréquent, ni plus rapide, et cela, lors même que le nouveau moulin ferait concurrence à une ancienne usine établie sur le fonds servant. Dans ce cas, en effet, il n'existe point de convention prohibitive de ce changement de l'usage des eaux, et la prescription qui a fait acquérir le droit d'aqueduc ne peut en général, et à moins de circonstances toutes particulières, comme celles qui paraissent avoir existé dans l'espèce de l'arrêt du 15 janvier 1834 et avoir influé sur la décision de la Cour, équivaloir à une stipulation prohibitive du changement d'usage des eaux.

Telle est aussi l'opinion de M. Pardessus, des *Servitudes,* t. II, nº 286, p. 111, qui critique l'arrêt du 15 janvier 1834; telle est également la décision d'un arrêt de la Cour de cassation, du 6 mars 1849. (Dalloz, 1849, I, 75. Devilleneuve et *Journal du Palais.*)

T. IV, p. 63, *après le nº* 1109 bis, *ajoutez :*

Par conséquent, ce droit pourrait aussi résulter de conventions obligatoires entre les contractans, comme nous l'avons déjà dit, et de la destination du père de famille, ainsi que l'a d'ailleurs décidé la Cour de cassation, dans une espèce fort remarquable, en accueillant les moyens que nous avions présentés dans l'intérêt du sieur Chauchat.

Un sieur Gros possédait une propriété assez étendue le long d'un chemin public; les eaux de ce chemin se réunissaient dans un fossé qui le bordait; le sieur Gros avait construit un autre fossé latéral au premier, pour dériver et conduire les eaux à la partie la plus reculée de son fonds qui était en nature de prairie; celle qui touchait à la voie publique, terre labourable, n'en avait jamais profité et avait toujours servi de passage à ces eaux.

Les héritiers du sieur Gros partagèrent cette propriété; l'un, représenté aujourd'hui par le sieur Dumont, devint propriétaire de la terre labourable; l'autre, représenté par le sieur Chauchat, eut la prairie; aucune stipulation ne fut faite sur la prise et la conduite d'eau; les propriétés partagées sont seulement désignées par leur nature.

Le sieur Dumont imagina de transformer sa terre labourable en prairie et d'arrêter en totalité les eaux, en se fondant sur ce que les eaux pluviales sont *res nullius* appartenant au premier occupant.

Son système fut accueilli par le tribunal de Brioude.

Mais sur l'appel, intervint à la Cour de Riom arrêt infirmatif fondé sur la destination de père de famille.

Le pourvoi du sieur Dumont contre cet arrêt avait été admis.

Chargé de la défense du sieur Chauchat, je soutins que les eaux pluviales n'étaient *res nullius,* et ne pouvaient être consacrées à l'usage du premier occupant, qu'à défaut de droit acquis contre celui qui voulait se les attribuer; qu'il pouvait être dérogé au droit commun sur ce point, soit par des conventions privées, soit par la prescription, soit par la destination du père de famille, qui devaient toujours avoir leur effet entre les parties qu'elles concernaient. J'invoquais à l'appui de ma discussion l'opinion de MM. Duranton, t. V, n° 160, et Pardesus, *des Servitudes*, t. I. n°s 189 et suivans.

Voici le texte de l'arrêt portant rejet du pourvoi :

« La Cour; — sur le premier moyen; attendu, en droit, que si les eaux pluviales qui coulent sur la voie publique, n'étant à personne, ne sont pas susceptibles d'une propriété exclusive, le propriétaire riverain peut néanmoins les prendre à leur passage; qu'il dépend de lui d'en faire l'usage qu'il lui plaît, et par suite de les concéder à son voisin, afin que celui-ci en use après les avoir reçues de lui.

« Attendu, dans l'espèce, que l'arrêt attaqué, après avoir constaté en fait qu'une rase (ou fossé), bornant au midi le champ Grand, appartenant au demandeur en cassation, conduit, à travers ce champ jusqu'au pré contigu du défendeur, les eaux pluviales du chemin de Langeac à Chilhaguet, a déclaré qu'il résultait soit des clauses de l'acte de partage du 12 décembre

1807, soit des faits de la cause que cette rase n'avait été pratiquée par Jacques Gros, auteur commun des parties et propriétaire des héritages divisés, que pour les faire servir exclusivement à l'irrigation de ce pré, et que cet état de choses constituait une servitude de prise d'eau établie par la destination du père de famille; attendu, qu'en le décidant ainsi, et par suite, en maintenant le défendeur en cassation dans le droit exclusif de prendre et de se servir des eaux dont il s'agit, l'arrêt attaqué n'a pas violé les art. 714 et 1128 du Code civil et a fait au contraire une juste application des art. 692, 693 et 694 du même Code; —Rejette. »

(21 juillet 1845. Devilleneuve, 1846, I, p. 33, Dalloz et *Journal du Palais.*)

Le même effet devrait être attribué, à plus forte raison, à la convention par laquelle celui qui aurait établi sur son fonds un conduit pour y amener les eaux, stipulerait en vendant partie de ce fonds, que les choses seraient maintenues en leur état. Du reste, nous avons suffisamment fait entendre, par tout ce que nous avons dit, que les conventions, la destination du père de famille, et même la prescription, ne peuvent lier les parties qu'à raison des fonds en faveur desquels ou contre lesquels elles existent. Par conséquent, celui qui, bien qu'engagé par les divers modes que nous venons d'énoncer, acquièrerait plus tard un héritage supérieur le long de la voie publique ou un fonds sur lequel les eaux pluviales se réuniraient, pourrait incontestablement disposer des eaux, les détourner ou arrêter au préjudice des inférieurs envers lesquels il était primitivement obligé. Car, en achetant un héritage qui n'était assujetti à aucune servitude, il a acquis aussi les droits et facultés qui y étaient attachés, et dont il peut user avec autant de latitude, que si cet héritage avait été acheté par un étranger à la situation originaire et auquel il doit être entièrement assimilé.

Ajoutons qu'une concession faite par un ancien seigneur serait inefficace comme émanant d'un ancien droit de police et anéantie par les lois abolitives de la féodalité.

T. IV, p. 87, *après le n°* 1144, *ajoutez :*

Nous renvoyons à la p. 85 *de ce Supplément,* où nous avons traité cette question et déclaré persister dans notre première opinion, malgré la jurisprudence contraire du Conseil-d'Etat.

T. IV, p. 88, *après la* 15e *ligne, ajoutez :*

Trois arrêts du Conseil, du même jour, 7 avril 1846, ont décidé qu'un préfet avait pu interdire des prises d'eau, ordonner la réduction des vannes et déversoirs en se fondant sur les dispositions d'anciens règlemens approuvés par ordonnance du roi, bien que le sens et l'application de ces règlemens et ordonnances fussent contestés. En effet, les lois et règlemens imposent aux préfets le devoir d'assurer le libre cours des eaux, de diriger les eaux vers un but d'utilité générale ; or, ils ne pourraient remplir leur mission, si lorsqu'ils se fondent sur des règlemens, il suffisait d'en contester le sens et l'application pour paralyser leur action ; mais comme les particuliers ne peuvent être victimes de l'erreur, de l'excès de pouvoir que les fonctionnaires pourraient commettre, ils ont un recours contre leurs arrêtés devant le ministre des travaux publics, et même dans certains cas devant le Conseil-d'Etat par la voie contentieuse ; on trouvera de nombreux exemples de pareils recours dans notre *Régime des Eaux* et dans ce *Supplément*.

Tome IV, p. 90, *après la* 16e *ligne, ajoutez :*

Le pouvoir qu'avait précédemment le ministre de l'intérieur en matière de cours d'eau a passé et appartient actuellement au ministère des travaux publics, depuis la création de ce ministère. Il faut donc lire dans notre ouvrage les mots : *ministre des travaux publics,* à la place de ceux : *ministre de l'intérieur.* Cette observation s'applique à peu près à tous les cas où l'on retrouvera cette dernière désignation dans notre *Régime des Eaux.*

Tome IV, p. 91, *après la* 1re *ligne, ajoutez :*

Ce n'est que dans le cas d'incompétence ou d'excès de pouvoir que les arrêtés des préfets peuvent être déférés directement au contentieux du Conseil-d'Etat (arrêt du Conseil, du 7 avril 1846, rendu sur le pourvoi du sieur Piedfer) ; encore dans ce cas, le réclamant a le choix entre ce recours et celui au ministre, et peut, en cas d'option pour ce dernier, user ensuite du pourvoi au Conseil-d'Etat.

T. IV, pag. 95, *après la* 15e *ligne, ajoutez :*

C'est un principe général que l'autorité administrative de tous les degrés, les maires, préfets, ministres, le chef du pouvoir exécutif lui-même, dans un décret d'autorisation d'usines, ne peuvent grever la propriété privée de servitudes non autorisées par les lois. Ainsi, ils ne pourraient imposer au propriétaire riverain d'un cours d'eau naturel ou artificiel, l'obligation de laisser une partie de son terrain entre une digue ou clôture et le cours d'eau. Ce propriétaire aurait incontestablement le droit de faire ses travaux à la limite extrême de sa propriété, sauf les cas d'expropriation pour cause d'utilité publique et moyennant indemnité. A l'appui de ces principes, voyez ce *Supplément*, pages 5, 6 et 113.

T. IV, page 96, *après la* 19e *ligne, ajoutez :*

Le même principe a été consacré par un arrêt du Conseil, du 2 février 1846. Cet arrêt décide en outre que c'est à l'administration à rechercher et à fixer le vieux sol, les anciens bords, la véritable largeur d'un cours d'eau non navigable ni flottable.

Mais lorsqu'il s'agit de redresser ou d'élargir l'ancien lit et conséquemment d'imposer aux riverains le sacrifice de leur propriété en tout ou en partie, cette mesure ne peut avoir lieu qu'en vertu d'un règlement d'administration publique, d'un décret du chef du pouvoir exécutif et en observant la loi du 3 mai 1841 sur l'expropriation pour cause d'utilité publique. (Arrêts du Conseil, des 5 septembre 1842, 25 mars 1846, 12 mai 1847, de la cour de cassation du 3 février 1851.) Même décision pour l'établissement d'un pont imposé dans l'intérêt de la navigation.

Le préfet peut seulement prescrire de semblades mesures en cas d'urgence et pour éviter des dangers imminents. (Mêmes arrêts.)

Nous n'approuvons pas un arrêt du 30 août 1847, par lequel le conseil a jugé, contrairement à son arrêt du 5 septembre 1842, et à la jurisprudence de la cour de cassation, que l'action dirigée par un propriétaire contre un entrepreneur de curage par le motif que celui-ci avait abattu des arbres et s'était emparé d'une portion de terrain pour élargir le lit du cours d'eau, était de la compétence du Conseil de préfecture, parce que le défendeur n'avait fait qu'exécuter les ordres de l'administration.

T. IV, p. 105, après le n° 1159, ajoutez :

Nous avons, dans les trois numéros qui précèdent et nous avions déjà, pages 94 et suivantes du second volume, expliqué les attributions des maires relativement aux cours d'eau navigables et non navigables ni flottables. L'arrêt du conseil que nous allons rappeler et la décision du ministre de l'intérieur sur laquelle il a été rendu nous fournissent d'utiles enseignements sur les limites de leurs pouvoirs.

Voici l'espèce sur laquelle ils sont intervenus :

La ville de Mulhouse est entourée de canaux qui empruntent les eaux de la rivière d'Ille. A la sortie de la ville, les eaux qui s'écoulent dans ces canaux sont rendues au cours naturel de cette rivière.

Sur la rive droite de l'un de ces canaux, appelé La Sinn, se trouve un terrain appartenant à la dame Hartmann qui s'avance jusqu'aux bords même de ce canal, aucune voie publique ne le séparant de la propriété de cette dame.

Celle-ci, voulant clore son terrain le long de la Sinn, a demandé alignement au maire de Mulhouse; celui-ci lui a enjoint de n'établir sa clôture qu'à une distance de 80 centimètres du canal, afin de ne pas gêner le libre écoulement des hautes eaux. Cet arrêté fut confirmé par le préfet comme fondé sur les lois et règlements de voirie et de police des eaux et sur ce qu'il ne portait aucune atteinte aux droits de propriété et même de jouissance de la dame Hartmann.

Mais, sur le pourvoi de cette dame, le ministre de l'intérieur a annulé, le 4 septembre 1845, les arrêtés du maire et du préfet et a invité celui-ci à prendre des mesures afin qu'il fût délivré à la réclamante un alignement pour clore son terrain dans toute son étendue, au bas du talus du canal. Les motifs de cette décision furent que la dame Hartmann était propriétaire jusqu'aux bords de la Sinn et qu'en principe chacun peut se clore à l'extrême limite de sa propriété; que l'arrêté du maire imposait à la dame Hartmann une servitude qu'elle ne devait point subir; que la loi du 12-20 août 1790 ne donne à l'administration, dans l'intérêt du libre écoulement des eaux, qu'un simple droit de surveillance et de police qui ne s'étend pas au-delà du lit de la rivière et qui ne peut autoriser l'administration à grever d'une servitude quelconque les propriétaires riverains.

Sur nouveau recours, nouvelle décision du ministre qui maintient la précédente.

Il y a eu pourvoi au Conseil-d'Etat qui a été rejeté le 2 février 1850, par le motif que le ministre n'avait pas excédé ses pouvoirs en annulant les arrêtés du maire et du préfet, et que ces décisions n'étaient pas susceptibles d'être attaquées par la voie contentieuse.

Cet arrêt du Conseil semble reconnaître dans sa rédaction que l'autorité municipale, les maires, ont un pouvoir de police sur les cours d'eau non navigables ni flottables, traversant le territoire de la commune, puisqu'il contient le motif suivant :

« Considérant que l'arrêté du maire de Mulhouse, approuvé par le préfet, par lequel la dame Hartmann a reçu l'injonction de laisser entre la clôture qu'elle se proposait d'établir le long de sa propriété, et le canal de la Sinn, un espace de 80 centimètres, a été pris pour l'exercice des droits de police qui sont attribués à l'autorité municipale sur les cours d'eau non navigables ni flottables...»

Mais cette rédaction, ainsi que le fait remarquer M. Felix Lebon, qui rapporte l'arrêt, est un peu trop générale. Le pouvoir des maires en cette matière est exceptionnel. En principe, le préfet a l'autorité générale. Les maires ne peuvent agir qu'en cas d'urgence, par exemple d'incendie, d'inondation, ou d'entreprise sur une fontaine indispensable aux hommes et aux animaux.

T IV, p. 121, *après le n°* 1161, *ajoutez* :

Cependant le Conseil de préfecture est compétent pour prononcer la destruction d'un barrage construit dans une rivière sur laquelle, en fait, la navigation n'a pas lieu, mais, qui d'après un ancien arrêt du Conseil et l'ordonnance du 10 juillet 1835, doit être, en droit, considérée comme navigable, et cela, quoique l'auteur du barrage ait été autorisé à changer l'emplacement du lit et que ce soit pour déverser les eaux dans le nouveau lit qu'il ait fait ces travaux, lorsque le nouveau lit n'a pas été reçu par l'administration et n'est pas conforme à l'autorisation.

Même décision pour le cas de construction

par un particulier d'une terrasse sur les bords d'une semblable rivière. Dans ces deux cas, il s'agit non de faits commis sur un cours d'eau non navigable ou flottable, pouvant donner lieu soit à une action privée devant les tribunaux, soit à une mesure de police de la part de l'administration, mais d'une véritable contravention de grande voirie.

Mais le Conseil-d'Etat peut à son gré ou ordonner la destruction des travaux, ou en autoriser la conservation s'ils sont inoffensifs, modérer l'amende due par le contrevenant, sans toutefois pouvoir descendre au-dessous du minimum de 16 francs, fixé par la loi du 23 mars 1842.

Nous ne partageons pas l'opinion de M. Jousselin (T. 2, p. 365 et suiv.) qui pense qu'aujourd'hui le Conseil-d'Etat ne pourrait, comme il le faisait avant la constitution de 1848, maintenir des travaux faits sans autorisation, mais qu'il jugerait *utiles* au public, ou au moins inoffensifs. La loi du 23 mars 1842 ne s'occupe que des amendes, et nous comprenons qu'on ne puisse plus en dispenser les contrevenans ou descendre au-dessous du minimum : la loi est obligatoire pour tous ; mais il en est autrement pour les travaux. Le Conseil-d'Etat a la plénitude de juridiction administrative. L'administration peut toujours autoriser à *posteriori* des travaux qu'elle reconnaît inoffensifs ou utiles et qui eussent été permis dans l'origine, si l'autorisation avait été demandée ; pourquoi donc le Conseil-d'Etat qui est au haut de l'échelle administrative ne pourrait-il pas les maintenir ? qui aurait le droit de s'en plaindre? n'est-ce pas là une mesure sagement protectrice des intérêts de tous? ne suffit-il pas de la condamnation à l'amende pour punir la contravention qui consiste à avoir fait les travaux sans permission préalable ?

Les deux arrêts cités par M. Jousselin ne peuvent justifier son opinion. Ils ne sont pas fondés sur le motif que le Conseil n'avait pas le droit de maintenir les travaux, mais sur l'appréciation des circonstances qui n'en permettaient pas la conservation.

A l'appui de tout ce que nous venons de dire, nous pouvons invoquer des arrêts du Conseil du même jour, 22 février 1850, qui établissent la compétence du Conseil de préfecture et offrent un double exemple de la destruction des travaux et de leur maintien.

T. IV, p. 126, *après la* 24e *ligne, ajoutez :*

Le Tribunal des Conflits, par décision du

17 juillet 1850 (1), a confirmé la jurisprudence du Conseil que nous combattons, peut-être même a-t-il été plus loin que l'ancien Conseil-d'Etat.

M. de Rochechouart de Mortemart, dont les usines étaient mises en mouvement par les eaux de la rivière non navigable ni flottable de la Marmande, se plaignait d'un détournement pour l'alimentation du canal du Berry, par suite duquel ces usines étaient réduites à l'inaction. Il traduisit l'Etat devant l'autorité judiciaire à laquelle il demanda le renvoi devant un jury d'expropriation pour la fixation de l'indemnité à lui due, aux termes de la loi du 3 mai 1841; on lui répondit qu'il ne s'agissait pas d'une dépossession définitive, mais d'un simple dommage variable et temporaire, soit à raison des saisons et des besoins de la navigation, soit parce que le système d'alimentation du canal du Berry n'était pas définitivement arrêté et qu'on espérait, à l'aide de certains travaux encore à l'étude, pouvoir rendre à la Marmande la totalité ou une partie des eaux détournées; le Tribunal des Conflits a adopté ce système et renvoyé l'affaire au Conseil de préfecture, attendu que jusqu'au règlement définitif de l'alimentation

(1) *Recueil* de MM. Félix Lebon et Gauté, 1850, p. 689.

du canal du Berry et l'achèvement des travaux, les dommages éprouvés par suite de prises d'eau et les indemnités auxquelles elles donnent lieu ne peuvent être appréciés que relativement à chaque chômage et doivent être calculés d'après sa durée, son importance et le préjudice réel éprouvé.

Ajoutons que la jurisprudence du Tribunal des Conflits, conforme à celle de l'ancien Conseil-d'Etat, attribue même à l'autorité administrative le règlement des indemnités pour dommage *permanent* comme pour dommage *temporaire* (1); et qu'il est bien à craindre que la Cour de cassation ne finisse par l'adopter. D'ailleurs, au moyen du conflit, l'administration pourra même empêcher la question d'arriver jusqu'à cette Cour.

T. IV, p. 128, *après le n°* 1162, *ajoutez :*

C'est au Conseil-d'Etat qu'il appartient d'apprécier la validité et l'étendue des anciennes concessions d'eau faites à des particuliers par le prévôt des marchands et les échevins de la ville de Paris, à l'exclusion des tribunaux et des Conseils de préfecture.

---

(1) Arrêt du 28 novembre 1850.

Les Conseils de préfecture ne seraient compétens que s'il s'agissait de réprimer des faits qui constitueraient des contraventions de grande voirie. Aux termes d'une législation et de règlemens spéciaux, les eaux affectées au service de la ville de Paris appartiennent au domaine public, à la grande voirie, à la classe des travaux publics, et les concessions qui ont pu en être faites sont essentiellement révocables surtout quand elles ont eu lieu à titre précaire et purement gratuit. (Arrêts du Conseil, des 23 octobre 1835, 1er juin 1849 et 5 janvier 1850.)

D'après la jurisprudence actuelle du Conseil-d'Etat, c'est uniquement à la nature, à la destination des travaux à l'utilité générale, qu'il faut s'attacher, abstraction faite de l'observation des formalités prescrites, pour décider s'ils ont le caractère de travaux publics. Par suite de ces principes, trois arrêts du Conseil, des 20 et 26 avril 1847, ont décidé que les travaux relatifs à la construction ou entretien de fontaines publiques ou de ponts dans l'intérêt d'une commune, quoique n'ayant pas reçu l'approbation de l'autorité supérieure, devaient être considérés d'après leur nature seule comme travaux publics; que les architectes qui avaient fait des plans ou devis, ou dirigé les travaux, et les voisins qui éprouvaient des dommages par suite de surélévation des eaux, ou par infiltration, n'avaient d'action contre la commune que devant l'autorité administrative.

Nous ne pouvons admettre cette qualification et la compétence administrative que lorsque les travaux ont été adjugés et approuvés comme le veulent les lois. C'est la jurisprudence de la Cour de cassation, ce sera probablement celle du Tribunal des Conflits.

Ce Tribunal, par deux décisions des 15 mars et 30 novembre 1850, a jugé que les questions d'exécution et d'interprétation des ventes de terrain faites par un particulier à l'Etat pour la confection de travaux publics, et constatées par un acte du préfet ou du maire, délégué à cet effet, devaient être soumises au jugement de l'autorité judiciaire.

L'endiguement d'une rivière, pour préserver une commune des inondations, rentre dans la classe des travaux publics. (Arrêt du Conseil, du 27 janvier 1848.)

T. IV, p. 133, *après le n°* 1169, *ajoutez :*

Le juge de paix compétent pour connaître de l'action possessoire est celui de la situation de l'objet litigieux. Si cet objet, quoique ne formant qu'un tout, comme un canal, une usine et ses dépendances, est situé sur plusieurs cantons, le juge de paix de chacun doit statuer sur la possession de la partie de l'objet située dans sa juridiction, et ne pourrait statuer sur le tout. (Cour de cassation, 6 mai 1846.)

On doit, d'ailleurs, entendre par objet litigieux suivant les circonstances, l'immeuble auquel il a été fait des travaux que l'on prétend dommageables à un autre.

Ainsi lorsqu'il a été fait au déversoir d'un moulin situé dans un canton des travaux que le propriétaire d'une usine, de terres et plantations en amont, situées dans un canton différent, soutient lui être préjudiciables parce qu'ils font refluer les eaux sur ces propriétés, celui-ci doit poursuivre son adversaire devant le juge de paix du canton où le déversoir est situé. (Cour de cassation, 25 juin 1844.)

L'action possessoire serait recevable même pour trouble apporté pendant l'instance au pétitoire par le demandeur, et le juge de paix serait seul compétent pour en connaître, ainsi que l'a reconnu la Cour de cassation par de nombreux arrêts, notamment par celui du 5 août 1845 (Hadot contre Guilgot).

Nous croyons qu'il en serait de même à l'occasion d'un trouble grave, d'une innovation importante que se permettrait le défendeur pendant le cours de l'instance pétitoire, sans qu'on pût opposer au demandeur qu'en se pourvoyant au pétitoire il a reconnu la possession de son adversaire ; car, tout ce qu'on peut inférer de là, c'est qu'il a consenti à laisser les choses dans l'état où elles étaient quand il a agi, mais non à supporter toute innovation qui viendrait changer essentiellement sa propre possession, sa situation antérieure.

On peut voir sur cela notre *Traité des actions possessoires*, dernière édition.

T. IV, p. 134, *après le n°* 1170, *ajoutez :*

La réintégrande, comme nous l'avons démontré dans notre *Traité des actions possessoires*, est une espèce particulière d'action possessoire qui diffère de la complainte en ce qu'elle n'exige pas, comme celle-ci, une possession annale en faveur de celui qui l'intente, et que la simple détention naturelle, au moment où a eu lieu la violence ou voie de fait qu'on veut faire réprimer, suffit pour que la demande doive être accueillie, lors même que le défendeur opposerait une possession annale.

Aux nombreux arrêts de cassation que nous avons cités dans notre *Traité*, nous pouvons en ajouter deux, des 22 novembre 1846 et 3 mai

1848 (1). Celui-ci rendu dans une espèce où le propriétaire d'un étang avait coupé la berge d'un fossé, appartenant à un propriétaire voisin, pour faire écouler les eaux de son étang dans ce fossé et inonder l'héritage de ce propriétaire.

T. IV, p. 135, après le n° 1171, ajoutez :

Le Tribunal des Conflits adoptant la jurisprudence du Conseil-d'Etat, que nous avons rappelée et combattue, page 58 du *Supplément* à la 1re partie du *Régime des eaux*, a, par trois décisions, des 3 avril, 30 juillet et 5 novembre 1850, décidé que bien que la connaissance de l'action possessoire (complainte ou réintégrande) soit de la compétence du juge de paix, néanmoins lorsqu'il est prétendu devant ce magistrat que le terrain, objet du litige, fait partie du lit d'une rivière navigable ou flottable, ou des francs-bords de la rivière canalisée ou d'un canal, il doit surseoir et renvoyer la décision de ce point préjudiciel à l'autorité administrative, l'action possessoire n'étant pas admissible pour chose non prescriptible. Aïnsi, même en se bornant à une simple action possessoire qui ne tend qu'à une maintenue provisoire, les particuliers

(1) Devilleneuve, 1847, I, p. 286 ; 1848, I p. 714 ; Dalloz et *Journal du Palais*.

n'échappent pas plus à l'exception d'incompétence et au renvoi devant l'autorité administrative que lorsqu'ils prennent la voie pétitoire.

Cinq décisions du Tribunal des Conflits, des 11 et 20 mai, 30 juin, 3 août 1850, ont de nouveau jugé que lorsque des particuliers réclamaient, par cette voie, un terrain situé sur les bords des rivières ou canaux navigables ou flottables, sur les bras et rigoles en dépendant sans être par eux-mêmes navigables ou flottables, et que l'Etat ou des concessionnaires prétendaient que ce terrain faisait partie de ces rivières, canaux, bras ou rigoles, ou de leurs francs-bords, alors s'élevait une question préjudicielle de délimitation, de fixation d'étendue d'une propriété du domaine public, dont la décision appartenait exclusivement à l'autorité administrative (1); mais les mêmes décisions ont aussi jugé que cette délimitation laissait entière la question de propriété, qui est de la compétence des tribunaux, et qu'en cas de jugement favorable aux particuliers, ceux-ci avaient droit de réclamer une indemnité, mais non la possession du terrain. La Cour de cassation, par arrêt du 23 mai 1849, a consacré les mêmes principes.

(1) Un arrêt du Conseil, du 31 mars 1847, a décidé, après plusieurs autres, que le préfet avait le pouvoir de faire cette délimitation.

Nous ne pouvons nous dispenser de faire observer que cette demande, à fin d'indemnité, sera presque toujours stérile après une déclaration que le terrain, objet du litige, fait partie du lit ou des francs-bords, et que dans la réalité l'administration sera presque toujours seule juge de la propriété.

Il a été également jugé, par arrêt du Tribunal des Conflits, du 21 juin 1850, que l'autorité judiciaire est compétente pour décider si antérieurement à la déclaration faite par l'administration, qu'une dérivation naturelle est une dépendance d'une rivière navigable, des particuliers avaient, en vertu de leur possession, des droits de pêche dans la dérivation dont il s'agit. (Voyez décision semblable dans un arrêt du Conseil, du 5 septembre 1835.)

T. IV, p. 146, après la 2e ligne, ajoutez :

Ces principes ont été consacrés par un arrêt de la Cour de cassation, du 27 mars 1832, rapporté au *Recueil* de M. Devilleneuve, 1832, I, p. 798.

T. IV, p. 156, après le n° 1179, ajoutez :

La Cour de cassation a rendu, le 4 mars 1846, sur notre plaidoirie, un arrêt fort remarquable entre les sieurs de Saint-Santin et Albrespic, propriétaires de prairies situées en face l'une de l'autre et séparées par un chemin public.

Une source existe sur un terrain communal. Ses eaux vont se jeter dans un chemin public où elles se réunissent à des eaux pluviales assez abondantes et forment un ruisseau qui longe d'abord la propriété du sieur Albrespic dans laquelle naissent quelques faibles sources. Toute cette masse d'eau descend sur le pré du sieur de Saint-Santin où elle est utilisée au moyen de plusieurs ouvertures faites dans le mur qui le clôt, de barrages établis dans le chemin.

Le sieur de Saint-Santin a toujours joui des eaux exclusivement pour l'irrigation de son pré, et le sieur Albrespic, dont la propriété commence au-dessus et finit en face du point milieu de celle du premier, a imaginé de les détourner en totalité pour ne les rendre qu'à l'extrémité de son fonds, par conséquent au-dessous des prises d'eau et barrages de son adversaire.

Action en complainte possessoire par le sieur de Saint-Santin.

Le juge de paix la repousse. Ou il s'agit, dit-il, d'eaux pluviales, et elles appartiennent à celui que la disposition des lieux autorise à s'en emparer le premier; ou il s'agit d'un ruisseau d'eau vive, et le propriétaire du fonds supérieur qui n'en a jamais usé peut s'en servir quand il le veut, aux termes de l'art. 644 du Cod. civ., à moins que l'inférieur n'ait exécuté sur le fonds supérieur des travaux de nature à lui faire acquérir la prescription.

Sur l'appel, jugement confirmatif fondé sur ce que, bien qu'il s'agisse d'un véritable cours d'eau formé en partie d'eaux de sources, en partie-d'eaux pluviales qui même sont quelquefois les plus abondantes et les plus fertilisantes, on ne peut pas considérer le sieur de Saint-Santin comme possesseur exclusif de son volume avec droit d'empêcher le supérieur d'en user, parce que les faits de jouissance qu'il allègue ne peuvent lui faire acquérir aucun droit privatif. Chargé du pourvoi en cassation, je soutins que l'existence très-visible des prises d'eau et des barrages, accompagnée de la jouissance exclusive des eaux suffisait pour assurer au possessoire le succès de la cause du sieur de Saint-Santin; qu'en supposant que son adversaire eût le droit de réclamer partie de ces eaux, il ne pourrait faire valoir ce droit qu'au pétitoire; mais qu'il devait lui être interdit provisoirement de s'en emparer, de les détourner et d'en priver en tout ou partie son adversaire.

On lit dans l'arrêt de cassation les motifs suivans:

« Attendu que les entreprises sur les cours d'eaux servant à l'irrigation des propriétés sont classées par la loi parmi celles qui peuvent donner lieu à l'action possessoire; — que, pour écarter l'action en complainte exercée en tems utile, en vertu d'une possession plus qu'annale qu'il reconnaît lui-même, le jugement attaqué se fonde : 1° sur ce que la faculté consacrée par l'art. 644 du Code civil, en faveur du riverain supérieur, est imprescriptible; 2° sur ce que les ouvrages faits par le demandeur ou ses auteurs, pour prendre ou recevoir les eaux, ne sont pas des ouvrages apparens faits sur le fonds du propriétaire supérieur par le riverain inférieur;

« Mais attendu que, d'une part, cette dernière condition, prescrite par l'art. 642 du Code civil, quant à l'eau d'une source, ne peut s'appliquer à un cours d'eau bordant des propriétés privées; — Attendu, d'autre part, que, quel que puisse être au pétitoire le droit du propriétaire supérieur, le riverain inférieur, qui a exercé depuis plus d'un an le droit légal d'user de ce cours d'eau pour l'irrigation de sa propriété, s'est créé une possession utile, de nature à motiver, en cas de trouble, l'action possessoire; d'où il suit qu'en confirmant le jugement qui a débouté le demandeur de son action en complainte, le jugement attaqué a expressément violé les articles de lois précités. »

La Cour de cassation a encore consacré les mêmes principes, par arrêts des 24 avril et 18 juin 1850; le premier a été rendu dans l'espèce suivante :

Le sieur Ménard est propriétaire d'un moulin, situé sur le ruisseau de la Venelle, dont les eaux le mettent en mouvement.

Le sieur Chaussart est propriétaire de jardins et vergers situés en amont du moulin et bordés par le même cours d'eau.

Dans le courant du mois de juillet 1846, le sieur Chaussart pratiqua , dans le ruisseau de la Venelle, une prise d'eau pour l'arrosage de ses propriétés riveraines. Le sieur Ménard qui, jusqu'alors, avait joui de la totalité des eaux, soutint que cette prise d'eau diminuait la force motrice de son moulin; de là action possessoire.

Jugements de première instance et d'appel qui la repoussent en se fondant sur ce que le sieur Chaussart n'a fait qu'user du droit que lui accorde l'art. 644 du Code civil, droit imprescriptible, et qu'il n'a pu perdre en négligeant de l'exercer; que le sieur Ménard n'a d'autre droit que de se pourvoir au pétitoire pour obtenir un règlement qui fasse, entre les intéressés, une équitable répartition des eaux.

Mais il y a eu cassation fondée sur le motif que la possession qui devait seule être prise en considération sur la complainte, suffisait et obligeait le juge du possessoire à accueillir provisoirement l'action, sauf la demande au pétitoire pour y faire valoir au fond les droits résultant des articles 644 et 645.

Dans l'espèce du second arrêt, il s'agissait de deux riverains dont les héritages, situés en face l'un de l'autre, étaient séparés par un ruisseau. L'un deux possédait, en outre, un fonds inférieur, mais pour lequel, à cause de son escarpement, il ne pouvait prendre l'eau au passage. En conséquence, il avait établi une rigole de conduite d'eau sur son fonds supérieur; action possessoire de la part du voisin qui prétend que son adversaire prend et absorbe la presque totalité des eaux. Jugemens du juge de paix et du tribunal de 1re instance qui répriment l'innovation comme nuisible, et ordonnent le rétablissement des choses dans leur premier état. Ces décisions ont été maintenues par la Cour de cassation. (Voy. ces arrêts à leurs dates, *Journal du Palais*, de Dalloz et de Devilleneuve.)

La jurisprudence paraît donc s'être fixée dans un sens contraire à l'opinion par nous émise n° 1179, non pas précisément par l'arrêt du 4 mars 1846, qui a pu être déterminé par des circonstances particulières, notamment celle que le supérieur, qui n'avait jamais usé des eaux, privait entièrement une partie du fonds du propriétaire inférieur des eaux dont il avait constamment joui d'une manière exclusive, mais par les arrêts des 24 avril et 18 juin 1850.

Mais il résulte aussi de ces arrêts que tous les droits du propriétaire supérieur lui sont réservés pour obtenir un règlement ou répartition des eaux, judiciairement ou administrativement, en vertu des art. 644 et 645 du Code civil, de sorte que le jugement possessoire n'est réellement qu'une mesure provisoire qui maintient les choses dans leur état antérieur jusqu'à règlement au fond des droits respectifs des parties. Ainsi, se trouvent conciliées les dernières décisions de la Cour de cassation avec celle de la même Cour, du 21 juillet 1834, rendue sur le pourvoi du sieur Lombard Quincieux, et qui juge que le propriétaire d'un moulin, qui a constamment joui de tout le volume d'eau, n'a pas le droit d'empêcher les propriétaires de fonds supérieurs de dériver les eaux pour l'irrigation de leurs héritages, quoiqu'ils n'en eussent jamais usé. Remarquons, à l'occasion de cette décision de juillet 1834, qu'il aurait pu en être différemment si l'ancien seigneur, au lieu de bâtir lui-même le moulin, avait concédé, à titre onéreux, à un particulier, le droit de le bâtir et de s'attribuer la jouissance exclusive des eaux pour le service de ce moulin; c'est ce que l'on peut induire d'un arrêt du 9 août 1843.

T. IV, p. 158, *après le n°* 1182, *ajoutez:*

Le juge, saisi d'une action possessoire relative aux francs-bords, peut prendre en considération le fait que le canal est artificiel; en conséquence, il peut se transporter sur les lieux et ordonner une expertise pour en faire la vérification lorsque le défendeur nie que le canal soit fait de main d'homme. Un arrêt de la Cour de cassation, du 15 avril 1845, rendu sur notre plaidoirie dans l'affaire des frères Muzellec contre Marhic, l'a ainsi décidé en cassant un jugement du tribunal de Brest.

Depuis, et le 12 août 1846, la même Cour a cassé, sur la plaidoirie de M. Avisse, mon successeur à la Cour de cassation et au Conseil-d'Etat, un second jugement du même tribunal.

Toutefois, il faut distinguer entre les canaux ou fossés creusés de main d'homme *à priori,* et les cours d'eau naturels, simplement canalisés; c'est dans le premier cas qu'a lieu la présomption de la propriété du fond et des digues ou francs-bords en faveur du propriétaire du moulin; cette distinction a même été faite par un arrêt de la Cour de cassation, du 30 mars 1840 (1), pour une rivière navigable et naturelle, mais canalisée dont les digues ont été considérées comme naturelles et formant une propriété privée. Il y a, en effet, en France beaucoup d'exemples de digues naturelles existant le long de rivières canalisées. A plus forte raison doit-il en être de même des digues régnant le long des rivières naturelles non canalisées, navigables ou non. Les particuliers en sont propriétaires jusqu'à preuve contraire et à la charge de souffrir le halage ou marchepied.

Mais si la digue a été construite par l'Etat sur son terrain (et il est censé avoir construit sur son fond jusqu'à preuve contraire) pour retrécir la rivière navigable et procurer à la navigation un chemin de halage, alors cette digue fait partie du domaine public et ne peut devenir l'objet d'une action possessoire (2).

T. IV, page 158, après le n° 1183, ajoutez :

La même Cour a encore décidé, par arrêt du 24 février 1846, que le juge d'appel d'une sentence rendue au possessoire qui, au lieu de statuer simplement sur la possession, comme l'avait

---

(1) Devilleneuve et Carrette, 1840, I, p. 417.

(2) Arr. cass. 26 novembre 1849; Devilleneuve, 1850, I, p. 46.

fait le juge de paix, prononce sur le fond du droit des parties, autorise une prise d'eau, fait entre elles un règlement pour la jouissance, permet l'établissement d'un escalier et d'un aqueduc à travers le fonds de la partie adverse, commet un excès de pouvoir et cumule le pétitoire avec le possessoire. (Voy. de Villeneuve, 1846, I, 399; Dalloz et le *Journal du Palais*. Voyez en outre l'arrêt de cassation du 14 décembre 1841, qui décide, en annulant un jugement du tribunal de Confolens, qu'il n'appartient pas au juge du possessoire d'appliquer l'art. 645 du Code civil, de faire un règlement de prise d'eau. Ces arrêts sont la condamnation de la doctrine de M. Henrion de Pansey, qui attribuait aux juges de paix l'exercice du pouvoir créé par l'article précité.)

T. IV, p. 167, *après le n°* 1187, *ajoutez :*

Le principe par nous posé dans le cours de ce numéro sur l'action possessoire que peut intenter une communauté d'habitans, soit contre le propriétaire de la source, soit contre les riverains inférieurs à ce propriétaire qui détourneraient les eaux nécessaires à cette communauté et dont elle aurait joui pendant une année, a été consacré de la manière la plus positive par un arrêt de la chambre des requêtes, du 15 janvier 1849, que nous avons déjà cité page 19 de ce *Supplément* (1), et dans lequel on lit que l'art. 643 qui défend, dans le cas qu'il prévoit, au propriétaire de la source d'en détourner le cours, s'applique, à plus forte raison, au propriétaire inférieur dont les fonds sont traversés ou bordés par les eaux qui s'en échappent, puisqu'ils ont un droit moins étendu que le premier; que cet art. 643 établit un droit de servitude légale, titre suffisant pour autoriser les habitans à intenter une action possessoire à raison du trouble apporté à l'exercice et à la possession de la servitude.

Mais que décidera-t-on, lorsqu'au lieu des eaux d'une source proprement dite, ce sont les eaux d'un étang ou celles d'une dérivation, d'une prise faite, soit à une rivière navigable ou flottable, soit à tout autre cours d'eau, qui s'écoulent ensuite sur les fonds inférieurs, et que ces eaux ont été utilisées par une communauté d'habitans à laquelle elles sont nécessaires? Refusera-t-on de la maintenir en possession?

Nous parlons bien dans le n° 1187 d'un étang, mais nous l'avons supposé alimenté par une source proprement dite; la question que nous présentons ici est donc nouvelle.

---

(1) *Recueil* de Devilleneuve et Carrette, 1849, I, p. 329.

L'arrêt du 15 janvier 1849, en décidant que les propriétaires inférieurs, même très-éloignés de la source, ne peuvent changer le cours d'eau, prête un grand appui à la solution affirmative; et si, ni le propriétaire d'une source, ni les inférieurs ne peuvent détourner les eaux qui bordent ou traversent leurs fonds, à plus forte raison, le propriétaire d'un étang, les inférieurs, ceux qui font des prises d'eau doivent-ils subir la même prohibition; d'ailleurs l'étang peut être considéré comme la source, *caput aquæ*, d'après les principes exposés n° 707; il est peu d'étangs qui ne soient alimentés, en partie par des eaux sortant de leur sol; le mélange des eaux pluviales n'y change rien; il faut en dire autant du cours des eaux qui s'en échappent ou sont dérivées d'autres cours d'eau, et qui sont nécessairement augmentées dans leur parcours par des eaux de sources.

La question nous paraît au surplus n'avoir pour les propriétaires qu'un médiocre intérêt; c'est, en quelque sorte, une affaire de forme; car, d'une part, l'art. 643 accorde l'usage de l'eau aux habitans et les oblige à indemnité s'ils n'ont pas prescrit l'usage; et, d'autre part, ceux-ci obtiendraient le même résultat par la voie de l'expropriation pour cause d'utilité publique.

T. IV, p. 172, *après le n°* 1190, *ajoutez :*

La Cour de cassation a confirmé sa jurisprudence par arrêt du 28 avril 1846, rendu dans une espèce où il s'agissait de puisage d'eau et d'établissement de *lavoir*. Elle n'a vu dans ces faits que l'exercice d'une servitude *discontinue* et apparente.

Il en eût été autrement, s'il se fût agi d'une coupure faite à un fossé ou canal, et d'une dérivation des eaux pour arroser une prairie. Il y aurait eu alors *aqueduc*, établissement constitutif d'une servitude continue et apparente.

T. IV, après le n° 1192, *p.* 174, *ajoutez :*

Nous croyons, malgré un arrêt de rejet de la Cour de cassation du 19 août 1845 (1), qu'un particulier peut intenter action possessoire à raison des mesures administratives qui lui portent préjudice, soit en soutenant que les actes de l'administration ne peuvent être considérés comme ayant autorisé les travaux, soit en demandant un sursis pour faire statuer sur la demande en interprétation ou en réformation. Ce sursis ne peut être refusé, ainsi que la Cour de cassa-

(1) *Journal du Palais*, 1846, T. I, p. 25; Dalloz et Devilleneuve.

tion elle-même l'avait reconnu par plusieurs arrêts antérieurs. (1) A plus forte raison en doit-il être ainsi quand les mesures administratives n'ont été révélées au demandeur que par l'usage qu'en a fait le défendeur pour repousser l'action.

On doit décider que l'autorité judiciaire est compétente pour prononcer des dommages-intérêts et la suppression d'un barrage non autorisé, quoique le défendeur soit en instance administrative pour obtenir l'autorisation, et qu'elle lui soit délivrée dans le cours du procès. (Arrêt de cassation, du 7 janvier 1846.)

L'autorité judiciaire est aussi compétente pour statuer sur les actions possessoires intentées

---

(1) On sait d'ailleurs que le Conseil-d'Etat ne donne l'interprétation qu'autant qu'elle lui est demandée en exécution d'une décision administrative ou judiciaire qui déclare cette interprétation préalable nécessaire à la décision du litige existant entre les parties. Une demande directe formée devant le Conseil-d'Etat par l'une de ces parties, par le motif que l'autre contesterait le sens d'une autorisation, serait écartée par fin de non recevoir. S'il en était autrement, les recours à fin d'interprétation se multiplieraient sans nécessité; car les actes du pouvoir exécutif ne deviennent pas obscurs par cela seul qu'un intéressé en conteste le sens; ils peuvent paraître clairs aux autorités judiciaires et administratives, et dès lors, il n'y a plus lieu à interprétation, mais à application des actes; c'est, du reste, la jurisprudence du Conseil-d'Etat. On peut voir notamment ses arrêts des 24 juillet 1847, Gibert et consorts, et 1er mars 1851, Dambrin de Calmesnil.

et sur les dommages-intérêts réclamés par des particuliers, à raison du trouble apporté à leur possession par les agens de l'administration, sans l'accomplissement des formalités prescrites par les lois sur l'expropriation pour cause d'utilité publique, alors même que ces agens auraient agi en vertu d'ordres donnés par l'autorité supérieure. (Arrêt du Conseil, du 4 juillet 1845, conforme à notre opinion, page 113.)

T. IV, p. 177, *après le n°* 1197, *ajoutez :*

Mais les tribunaux ne sont pas toujours compétens pour statuer sur les débats relatifs aux eaux qui ne sont ni navigables ni flottables, nous avons vu par exemple, p. 120 de ce *Supplément,* qu'une législation spéciale, exceptionnelle, attribue au Conseil de préfecture de la Seine la décision des contestations et la répression des contraventions relatives aux eaux de Paris. Le même principe a été appliqué par un autre arrêt du Conseil, du 18 janvier 1851, sur le pourvoi d'une dame Clausse, propriétaire à Belleville d'un jardin traversé par un aqueduc servant à alimenter les fontaines de cette commune, et celles de la Ville de Paris ; le Conseil de préfecture de la Seine l'avait condamnée à supprimer des plantations et constructions par elles faites sur des pierrées et conduites dépendant de cet aqueduc. (1) Elle prétendait que l'affaire était de la compétence des tribunaux. Son pourvoi a été repoussé.

T. IV, p. 180, *après la* 3e *ligne, ajoutez :*

D'après la jurisprudence actuelle que nous adoptons, les actions pour dommages entre propriétaires d'usines non autorisées sont de la compétence des tribunaux qui peuvent même prescrire les mesures nécessaires pour les faire

---

(1) Des lettres-patentes du 15 octob. 1601 autorisent les prévôt et échevins de Paris à faire creuser, fouiller et retrancher par tous les héritages qu'il conviendrait tant pour faire les pierrées, regards et réservoirs à eaux que pour les canaux dans et au travers d'iceux, et ce tant en la ville de Paris qu'ès environs et en tous lieux ou seront trouvées les eaux disposées.

Une ordonnance du bureau de la ville de Paris du 23 juillet 1670, fait défense à toutes personnes de faire aucune fouille de terre aux terroirs de Belleville, Pré-saint-Gervais et autres lieux d'où proviennent les sources des fontaines publiques de la ville de Paris, de faire aucuns puits, pierrées, puisards et regards, comme aussi de planter aucuns arbres le long des pierrées, puisards et conduits desdites sources ni d'amasser et mettre sur lesdites pierrées aucuns fumiers.

Le Conseil-d'Etat, par son arrêt du 18 janvier 1851, a décidé que ces règlemens étaient encore en vigueur d'après l'art. 29 de la loi du 19-22 juilet 1791 qui maintient les anciens règlemens relatifs à la voirie. Les eaux de Paris sont considérées ainsi que nous l'avons vu, comme objet dépendant de la grande voirie.

Ce mode d'interdiction de fouilles vient à l'appui de ce que nous avons dit, pages 21 et suivantes de ce *Supplément*, sur la force et l'effet des règlements relatifs à l'interdiction des fouilles dans les environs des sources d'eaux thermales.

cesser, pourvu qu'elles ne portent pas atteinte à l'intérêt général et sans préjudice de l'exercice du pouvoir administratif. Voyez *Régime des Eaux,* nos 902, 1099 *bis*, et plus haut, p. 74, 75.

T. IV, p. 187, *après le n°* 1198, *ajoutez :*

Le propriétaire d'un moulin ou d'un fonds situé sur le cours d'eau principal a le droit de faire réprimer l'abus que se permettrait un autre propriétaire d'héritage ou d'usine situé en amont sur un affluent, et de provoquer un règlement. Celui-ci ne pourrait alléguer, pour se garantir de cette action, que le propriétaire inférieur n'est pas riverain de l'affluent ; car avec ce système, le cours d'eau principal pourrait être réduit à rien; souvent il n'est formé que par la réunion des eaux des affluens. Ceux-ci doivent être considérés comme les parties du tout.

Nous pourrions citer de nombreux règlemens administratifs qui comprennent les affluens comme le cours d'eau principal. Les tribunaux doivent faire ce que ferait le pouvoir administratif.

Ces principes ont été formellement consacrés par un arrêt de la Chambre civile, du 30 décembre 1845, portant cassation d'un arrêt de la

Cour d'appel d'Agen rendu entre les sieurs Lefranc de Pompignan et de Montault.

T. IV, p. 190, à la fin de la page, ajoutez :

Il ne faudrait pas voir une décision contraire dans un arrêt de la Cour de cassation, du 17 juin 1850 (1).

Il s'agissait, dans l'espèce de cet arrêt, d'un barrage établi au travers d'un cours d'eau non navigable ni flottable. Il n'avait pas été autorisé par l'administration; l'un des riverains se pourvut devant les tribunaux pour le faire supprimer comme lui étant nuisible. Il paraît qu'il était appuyé sur les fonds de celui qui l'avait construit; car s'il l'avait été sur le fonds du réclamant, celui-ci aurait puisé dans cette circonstance, un excellent moyen pour le faire détruire, puisque les conditions prescrites par la loi du 11 juillet 1847 n'avaient pas été observées. Les tribunaux n'hésitèrent pas à se saisir du litige, et même à maintenir le barrage par le motif qu'il n'était pas nuisible. C'est la confirmation de la doctrine émise dans notre *Régime* et p. 7 et suiv. de ce *Supplément*, d'après laquelle un particulier peut, sans autorisation préalable, faire des barrages et prises d'eau

(1) Dalloz, 1850, I, p. 202.

pourvu qu'ils ne nuisent pas aux tiers. Nous pouvons tirer la même conséquence d'un arrêt du Conseil du 11 janvier 1851, qui à la vérité s'est borné à décider que la construction d'un barrage de petite dimension sur la rivière d'Authion, affluente à la Loire, ne constituait pas une contravention de grande voirie, prévue et punie par l'art. 6, t. III, de l'arrêt du Conseil du 23 juillet 1783 ; mais il n'a pas dit non plus qu'il appartenaitau préfet d'en ordonner la destruction, faute d'autorisation préalable, ce qu'il n'eût pas manqué d'exprimer s'il avait pensé que ce principe absolu fût fondé sur la loi.

T. IV, p. 197, après le n° 1202, ajoutez:

Ces principes ont été de nouveau consacrés par un arrêt de la chambre des requêtes du 16 avril 1850, rendu dans une espèce fort remarquable.

Le sieur Perier-Prévost est propriétaire d'une usine, mise en mouvement par la rivière d'Orbec. En aval, il s'en trouve une autre, sur la même rivière, appartenant au sieur Monsaint. En 1821, l'usine du sieur Perier-Prévost appartenait au sieur Masselin, et celle du sieur Monsaint au sieur Bardel. Il intervint, entre les parties, le 30 avril 1821, une transaction par laquelle il fut reconnu, moyennant une somme de 500 fr. accordée au sieur Masselin, que l'usine inférieure du sieur Bardel avait droit à une chute d'eau de 27 cent. au-dessus de la chute naturelle de la rivière d'Orbec, et que la retraite du mur de l'usine du sieur Masselin devait être prise comme repère régulateur des droits des parties.

Depuis, le sieur Bardel voulant faire quelques changemens à son usine, en demanda l'autorisation à l'administration, et cette autorisation lui fut accordée par ordonnance royale du 12 mars 1829, sous réserve des droits de propriété acquis à des tiers.

Plus tard, nouvelles difficultés entre les parties et nouvelle transaction du 6 septembre 1834, qui maintenait celle de 1821.

En 1842, Monsaint, successeur de Bardel, assigna Perier-Prévost, successeur de Masselin, afin de rétablissement du mur qui devait, aux termes des transactions de 1821 et 1834, servir à déterminer la hauteur des eaux.

Jugement du tribunal de Lisieux qui accueille la demande.

Appel par le sieur Perier-Prévost.

Pendant l'instance d'appel, Monsaint s'adressa à l'autorité administrative pour être autorisé à maintenir les lieux dans l'état où ils étaient avant la destruction du mur de barrage du sieur Perier-Prévost. Mais sa demande fut rejetée par arrêté du préfet du Calvados du 28 avril 1846, qui ordonna, dans un but d'intérêt public, l'exécution des mesures prescrites par l'ordonnance du 8 mars 1829.

Perier-Prévost soutint alors que l'autorité administrative, ayant statué sur les droits des parties par voie de règlement du cours d'eau, soit en 1829, soit en 1846, les tribunaux étaient incompétens pour connaître des prétentions du sieur Monsaint.

Mais, par arrêt du 13 juillet 1847, la Cour de Caen déclara la compétence de l'autorité judiciaire pour apprécier les conventions des parties, reconnaître les droits et obligations qui en résultaient, sans rien prescrire toutefois de contraire aux règlemens administratifs, sauf aux parties à se retirer, armées de la décision judiciaire, devant l'administration pour en obtenir le rapport de ces règlemens, et dans le cas où l'administration y persisterait, à revenir en justice pour obtenir la restitution du prix stipulé dans les transactions, et même des dommages-intérêts.

Le pourvoi contre cet arrêt a été rejeté par les motifs suivans :

« Attendu que s'il n'appartient qu'à l'autorité administrative de pourvoir, par le règlement des cours d'eau, aux divers intérêts dont la conservation et la défense rentrent dans les attributions de police qui lui sont conférées en matière de cours d'eau non navigables ni flottables, le pouvoir de statuer sur les litiges qu'engendre l'exécution des conventions souscrites par des particuliers pour régler entre eux, dans les limites de leur intérêt privé, leurs droits respectifs à la jouissance d'un cours d'eau, rentre dans la compétence exclusive des tribunaux; attendu que ce pouvoir ne cesse pas, au cas où ces conventions privées dérogent au respect des parties contractantes seulement à l'ordonnance qui, en autorisant l'établissement de leurs usines, a fixé la hauteur des eaux dont chacune d'elles pouvait disposer ; qu'en statuant sur ces contestations, les tribunaux doivent se renfermer dans le cercle étroit des intérêts privés qui se débattent devant eux, et s'abstenir de toute disposition qui aurait le caractère ou les effets d'un règlement général sur la hauteur des eaux, aussi bien que de toute décision qui porterait atteinte aux actes émanés de l'administration ; que la Cour de Caen était donc compétente pour apprécier, en ce qui concernait les sieurs Perier-Prévost et Monsaint seulement, la valeur et les effets des transactions des 30 avril 1821 et 6 septembre 1834. »

Il résulte nettement de cet arrêt, que des particuliers, propriétaires d'usines, de prairies ou jardins, peuvent, en ce qui concerne leurs intérêts privés et sans porter préjudice à ceux des tiers et du public, déroger aux dispositions de règlemens généraux ou spéciaux, ou céder les avantages qui en résulteraient pour eux.

Au surplus, les tribunaux sont compétens, comme nous l'avons dit dans notre *Régime des eaux*, pour statuer sur tous les débats d'intérêt privé, soit qu'il y ait titres particuliers à interpréter, règlemens à faire exécuter ou qu'il n'existe ni titres ni règlemens, et qu'il n'y ait que le droit commun à appliquer.

T. IV, p. 206, *après le n°* 1205, *ajoutez :*

Ces principes ont été très-expressément consacrés par un arrêt de cassation de la chambre civile, du 13 juillet 1849 (1), rendu entre les sieurs Schaff et de Wendel, dans une espèce où le premier se plaignait de ce que le second n'avait pas exécuté les travaux prescrits par l'ordonnance d'autorisation de son usine, ou avait exécuté des travaux tout contraires ou non autorisés, et demandait qu'il fût tenu de se con-

(1) Devilleneuve et Carrette, 1849, I, p. 762. Dalloz et *Journal du Palais*.

former aux prescriptions de l'ordonnance dont le sens était clair et n'avait nul besoin d'interprétation et de détruire les travaux ou contraires ou non autorisés.

T. IV, p. 210, *après le n°* 1209, *ajoutez.*

L'indemnité due à un particulier pour la privation définitive, par suite de travaux publics, de sources détournées ou de l'exercice du droit d'irrigation résultant de l'art. 644 du Code civil, doit être appréciée par les tribunaux. (Arrêts du Conseil, du 19 juillet et 7 août 1843.)

Mais si les travaux qui ont entraîné cette privation ont été exécutés par suite d'ordres ou d'autorisation de l'administration, les tribunaux doivent se borner à prononcer sur les questions de possession ou de propriété et sur les dommages-intérêts, et il n'appartient qu'à l'autorité administrative d'ordonner la suppression ou le maintien des travaux ; c'est ainsi que se trouvent conciliées les règles constitutives des deux pouvoirs et respectée la ligne de démarcation qui sépare l'un de l'autre (1).

L'autorité judiciaire serait seule compétente

---

(1) Arrêts du Conseil, des 19 juillet 1843, 4 juillet 1845; du Tribunal des Conflits, du 16 décembre 1850.

pour régler les indemnités dues à raison des terrains pris pour la confection d'un canal destiné aux irrigations d'une commune. Même décision au cas où l'Etat, pour redresser un cours d'eau, en établit en partie le nouveau lit sur la propriété d'un particulier. (Arrêt de la Cour de cassation, du 3 février 1851, et décisions du Conseil et du Tribunal des Conflits, ci-après citées.)

Nous avons vu p. 125, 126, que la délimitation par l'autorité administrative des rivières navigables et flottables, laissait entière la question de propriété qui était de la compétence des tribunaux. Il en doit être de même, à plus forte raison, dans le cas où le préfet, dans le but de rechercher et de rétablir l'ancienne largeur d'un cours d'eau non navigable ni flottable, aurait prescrit la destruction d'une plantation, d'une portion de terrain qu'il prétendrait constituer une usurpation. Les actions possessoires et pétitoires seraient recevables malgré les mesures administratives qui, après la décision des tribunaux, devraient être rapportées par l'administration elle-même. Ainsi, la compétence des tribunaux est incontestable, et lorsqu'il s'agit de redresser, d'élargir un cours d'eau en imposant aux riverains le sacrifice de la propriété qu'on leur reconnait et lorsqu'on prétend rétablir l'ancienne largeur.

Mais dans les deux espèces, s'agissant de travaux publics, l'autorité administrative serait seule compétente aux termes de la loi du 28 pluviose, an VIII (art. 4), pour statuer sur les indemnités réclamées à raison de simples torts et dommages provenant, soit de l'exécution, soit de l'inexécution des travaux. (Arrêts du Conseil, 6 décembre 1844, 16 mars 1848 et du Tribunal des Conflits, 3 juillet, 23 décembre 1850.)

Un arrêt du Conseil, du 4 juillet 1845, a décidé que l'on devait considérer comme travaux publics, des sondages opérés par la compagnie Degousée, pour l'établissement d'un puits artésien dans l'intérêt d'une commune, quoique les marchés n'eussent pas été faits d'après un cahier des charges, dûment approuvé, suivi d'une adjudication. (Voy. ce que nous avons dit, p. 121, 122.)

Un jugement du Tribunal des Conflits, en date du 22 mai 1850, a décidé que l'autorité judiciaire est seule compétente pour statuer sur la question de propriété d'un étang voisin de la mer, agitée entre l'Etat et une commune, lorsque la commune fonde ses droits à la propriété de cet étang sur des titres privés antérieurs à l'édit de 1566, tels que vente, partage et abandon, et sur des décisions de l'autorité judiciaire, et cela, bien qu'un arrêté du préfet du département, ait déclaré l'étang dépendance du domaine public maritime. A plus forte raison, et, ainsi que l'a très-bien décidé un arrêt du Conseil, du 11 avril 1848, une commune qui se prétendrait propriétaire et en possession d'un étang voisin de la mer, en vertu de titres antérieurs à 1566, peut valablement intenter une action possessoire pour se faire maintenir en possession annale de cet étang (1), contre le particulier qui y exerce la chasse et la pêche. Ni le particulier, ni le préfet, ne peuvent demander le renvoi préalable devant l'administration, en se fondant sur ce qu'il y aurait à décider la question préjudicielle de savoir si cet étang fait ou non partie du domaine public.

Il en serait autrement s'il s'agissait d'une véritable délimitation entre le domaine public maritime et la propriété privée, et si la prétention du particulier, fondée sur des titres de concession, exigeait l'interprétation de ces titres administratifs; l'autorité administrative serait compétente sur ces points divers, sauf la question de propriété et d'indemnité qui serait

---

(1) Nous avons dit, p. 71 de ce volume, qu'un étang ne pouvait être supprimé pour cause de salubrité publique que par décret du chef du pouvoir exécutif. Nous avons découvert depuis l'impression de cette partie de notre ouvrage, un arrêt du Conseil, du 30 août 1842, qui énonce ce principe dans ses motifs. (Voy. *Recueil* de Félix Lebon, 1842, p. 438.)

réservée aux tribunaux. (Arrêt du Conseil, du 17 décembre 1847, de Galiffet contre l'Etat.)

T. IV, p. 213, *après le n°* 1213, *ajoutez :*

Nous avons déjà distingué entre les contestations qui portent sur des faits d'administration et d'intérêt général, et celles relatives à des intérêts purement privés, distinction fondamentale et qu'on ne doit jamais oublier : Lorsque des ouvrages exécutés par l'administration dans un intérêt général, par exemple, des batardeaux destinés à détourner le cours d'une rivière ont changé de destination et ont été cédés à un propriétaire d'usine dans son seul intérêt, ils ont perdu le caractère de travaux publics, et le dommage qu'ils causent alors à une autre usine par la privation des eaux, donne ouverture à une action bien fondée en destruction et en dommages-intérêts, qui est de la compétence des tribunaux civils (1).

T. IV, p. 215, *après le n°* 1218, *ajoutez :*

La jurisprudence du Conseil-d'Etat est, il faut en convenir, contraire à cette solution qui est la conséquence des principes posés dans les

(1) Arrêt de la Cour de cassation, du 28 novembre 1848; Devilleneuve et Carette, 1849, I, p. 128; Dalloz et *Journal du Palais*.

n[os] précédens de cet article et dans les n°s 1161 et 1162.

Ainsi, le 15 septembre 1848, il a décidé que l'opposition formée au recouvrement des rôles de répartition des dépenses d'établissement d'un canal d'irrigation construit par une association de propriétaires avec l'approbation du préfet, opposition formée par des particuliers qui prétendaient n'avoir jamais fait partie de cette association, devait être jugée par l'autorité administrative.

Mais que la question préjudicielle de savoir si les opposans font partie de l'association ne pouvait être jugée que par les tribunaux.

Ainsi, par arrêts du 18 décembre 1848 et 24 mars 1849, il a été décidé que la loi du 14 floréal an XI, relative au curage des canaux et rivières non navigables, était applicable aux fossés d'une ville servant de canaux d'irrigation, de décharge et d'assainissement.

T. IV, p. 217, *après le n°* 1224, *ajoutez :*

L'autorité judiciaire a reçu des lois des 29 avril 1845 et 11 juillet 1847, sur les irrigations et les barrages de prises d'eau, une compétence spéciale pour décider les contestations que peut faire naitre l'application de leurs diverses dispositions, qui, nous ne saurions trop le répéter, n'ont établi que de simples servitudes d'appui de barrage et de passage des eaux, sans rien changer au fond du droit, c'est-à-dire, sans accorder le droit d'usage des eaux à ceux qui ne l'ont pas et sans en priver ceux auxquels il appartient, ni porter à ce droit aucune atteinte. Ainsi, celui dont l'héritage borde, d'un côté seulement, le cours d'eau et qui serait obligé de prendre, pour l'irrigation de son fonds, plus d'eau qu'il n'en peut et doit absorber, serait tenu de rendre le superflu à son cours ordinaire (car celui qui possède les deux rives y est obligé) pour que les inférieurs propriétaires d'usines ou de prairies pussent user de leurs droits. Il ne pourrait s'affranchir de cette restitution en offrant une indemnité, car c'est seulement la servitude d'appui ou de passage dont la loi déclare la cession forcée sans indemnité; mais elle ne contraint pas également à céder le droit aux eaux ou à renoncer aux avantages qu'elles produisent. La règle ne fléchirait pas, même dans le cas où l'obligation de restituer les eaux en amont des héritages et des moulins rendrait impossible l'irrigation des fonds supérieurs. Le propriétaire de ce fonds serait tenu de supporter cette privation. On ne peut ôter à l'un pour gratifier l'autre.

La solution serait la même à l'égard de celui

dont l'héritage serait *traversé* par le cours d'eau.

Elle serait encore la même dans le cas de prise d'eau autorisée à une rivière navigable ou flottable; car nous avons vu que les lois de 1845 et 1847, sont applicables aux eaux dérivées de ces rivières comme à celles qui ne sont ni navigables ni flottables.

On peut voir d'ailleurs notre *Commentaire* sur les lois de 1845 et 1847 et le présent volume, p. 41.

T. IV, p. 219, *après le n°* 1225, *ajoutez :*

Les tribunaux seraient compétens pour décider entre une commune et un particulier, par application des principes relatifs à la destination du père de famille et par appréciation de conventions ou de titres privés, si ce particulier est propriétaire de la source ou au moins a droit au cours d'eau qui s'en échappe (1), et si une

(1) Nous avons dit, p. 17, 49, 68, que les sources et les cours d'eau non navigables ni flottables, étaient de droit la propriété des possesseurs des terrains dans lesquels ces eaux naissent ou à travers lesquels elles s'écoulent ou qu'elles bordent ; que des conventions ou la prescription pouvaient modifier cette propriété et la faire acquérir à des tiers.

Le congrès central d'agriculture, qui a tenu ses séances au mois d'avril de la présente année 1851, depuis l'impression de cette par-

expropriation pour cause d'utilité publique emporte déchéance de ce droit. C'est ce qu'a décidé le Tribunal des Conflits, par arrêt du 16 décembre 1850, dans une affaire où la ville de Marseille, en exécutant les travaux d'un canal d'irrigation par suite d'autorisation et d'ex-

---

tie de notre travail, a manifesté une opinion semblable à la nôtre et fortement insisté sur la propriété privée des riverains, en s'élevant contre la doctrine de la propriété de l'Etat ou de la communauté pour tout le monde, des cours d'eau et de leur lit.

D'un autre côté, la chambre des représentans vient de discuter un projet de loi sur la constitution de la propriété immobilière en Algérie.

A la deuxième lecture, la chambre a adopté l'art. 2, qui déclare faire partie du domaine public national les cours d'eau de toutes sortes et les sources, à la réserve des droits acquis antérieurement à la loi.

Cette disposition n'a passé qu'après une opposition qui se reproduira sans doute à la 3e lecture. Elle est l'application à l'Algérie, du système que nous avons entendu soutenir sérieusement par des hommes éminens du corps des ponts-et-chaussées, qui prétendaient que l'on devrait réformer la disposition du Code civil, portant que les sources appartiennent aux particuliers, pour les déclarer propriété de l'Etat.

Il est fâcheux qu'à une époque où la propriété est minée, attaquée par une école funeste, l'autorité qui devrait la protéger, fasse en quelque sorte cause commune avec ses détracteurs.

Quoi qu'il en soit, il a été bien entendu que la nouvelle loi était tout exceptionnelle, applicable seulement à l'Algérie, où les eaux sont très-rares, le sol si sec et le ciel si brûlant, et où l'Etat, en faisant des concessions de terrain, pouvait y mettre les conditions que bon lui semblait; qu'enfin, les droits acquis étaient maintenus. Il nous a même paru résulter de la discussion un aveu qu'en France, les cours d'eau non navigables ni flottables font partie de la propriété privée.

propriation, avait détourné ou altéré les eaux d'une source et d'un ruisseau servant à faire mouvoir des moulins et à arroser des prairies qui n'avaient pas été compris dans l'expropriation. Le même arrêt a jugé que la décision du point de savoir si la source et le cours d'eau pouvaient et devaient être rétablis et la liquidation de l'indemnité appartenaient à l'autorité administrative.

Une décision du tribunal des Conflits, du 23 décembre 1850, n'a vu qu'un simple dommage par suite de travaux publics, appréciable par l'autorité administrative, à l'exclusion des tribunaux, dans la corrosion et l'enlèvement partiel de la superficie des fonds riverains d'un fleuve avec extension de ses eaux sur ces fonds, par suite de la construction d'une digue que l'Etat avait fait exécuter sur la rive opposée.

Cependant il y avait bien dépossession des fonds des riverains, par suite de l'envahissement du fleuve.

Une autre décision du même tribunal, en date du 21 décembre 1850, a encore jugé que la question de savoir si l'administration avait pu creuser sur une propriété privée, ou élargir un fossé ou canal destiné à conduire les eaux d'une route dans une rivière non navigable ni flottable, ne pouvait être jugée, et l'indemnité, s'il y avait lieu, liquidée que par l'autorité administrative, parce qu'il ne s'agissait que de servitude, de dommage permanent et de difficulté de grande voirie.

T. IV, p. 223, *après le n°* 1226, *ajoutez :*

Nous pensons que les tribunaux seraient seuls compétens pour connaître d'une action en dommages-intérêts formée contre un concessionnaire de canaux ou rivières canalisées, par un particulier qui se plaindrait de ce qu'un bateau a éprouvé un échouement et des avaries, faute par ce concessionnaire d'avoir débarrassé le cours d'eau des attérissemens qui s'y seraient successivement formés. Ce serait là une affaire d'intérêt privé assez semblable à celle de l'arrêt du Conseil du 21 août 1845 (1), qui a décidé qu'une compagnie de transports sur la Seine avait dû diriger, devant l'autorité judiciaire, sa demande en dommages-intérêts fondée sur ce que, faute par les constructeurs d'un pont d'avoir enlevé des pieux qui avaient servi à leurs travaux, ces pieux avaient causé des avaries à ce bateau et à sa cargaison. Nous pouvons invoquer, à l'appui de notre opinion, trois arrêts du Conseil du même jour 25 janvier 1851, qui ont décidé que le dé-

(1) *Recueil* de Félix Lebon et Gauté, 1845, p. 435.

faut d'enlèvement des atterrissemens ne constituait même pas une contravention de grande voirie, sauf l'emploi des mesures administratives pour forcer le concessionnaire à opérer cet enlèvement.

T. IV p. 231, après la 23e ligne, ajoutez :

Mais cependant il peut arriver qu'un fait de contravention à un arrêté de préfet sur un cours d'eau ordinaire constitue, par ses conséquences, un délit de grande voirie qui échappe au juge de police. Le propriétaire d'un moulin situé sur une rivière non navigable ni flottable, auquel des arrêtés de préfet auraient prescrit de tenir les eaux à une certaine hauteur, afin qu'elles pussent s'introduire dans une rigole en amont du moulin, destinée à dériver les eaux de cette rivière pour les conduire à un canal navigable et qui, en ouvrant les vannes du déversoir de son moulin, fait baisser les eaux qui ne peuvent plus s'introduire dans la rigole, doit être poursuivi, non devant le tribunal de police, mais devant le Conseil de préfecture.

Ce fait, qui nuit à la navigation et pourrait même la rendre impossible, constitue une contravention de grande voirie, prévue et punie par l'arrêt du Conseil, du 24 juin 1777. (Arrêts du Conseil, des 24 août 1844 et 28 décembre 1850, Félix Lebon et Gauté.)

T. IV, p. 232, *après le n°* 1229, *ajoutez :*

C'est devant le tribunal de simple police du canton où la perception des droits de péage des bateaux, bacs ou ponts est effectuée, et non devant l'autorité administrative que doivent être poursuivies les contraventions relatives à cette perception de droits. (Cour de cassation, chambre criminelle, 7 février 1851.)

Il serait à désirer que la juridiction des juges de police fût étendue à une foule de faits de peu d'importance, et qui, aujourd'hui, rentrent dans les attributions des Conseils de préfecture comme délits de grande voirie.

Cette observation, que nous avons faite bien souvent, nous est dictée de nouveau par un arrêt récent du Conseil d'Etat (11 janvier 1851) qui, en considérant comme un délit de grande voirie la dépaissance de six oies sur la berge d'un canal latéral à la Garonne, annule un arrêté de Conseil de préfecture qui avait refusé de punir un pareil fait.

Conçoit-on que le pâturage par six oies, ou par une seule, car le nombre ne fait rien à l'affaire, puisse entraîner leur maître devant le Conseil de préfecture et même devant le Conseil-d'Etat, occuper sérieusement ces deux hautes juridictions sur la provocation du ministre des travaux publics, et donner lieu à une amende qui peut aller jusqu'à 300 fr., lorsque l'affaire pourrait être terminée sur les lieux, en quelques jours, et avec une modique amende de 1 à 5 fr.

Des oies, jadis, dit-on, sauvèrent le Capitole; tandis que celles dont nous parlons ont causé à leur maître bien des tribulations, des déplacemens et des frais pour avoir becqueté quelque brin d'herbe ou de foin qui n'égale même pas ce qu'aurait pu manger une poule en un jour.

T. IV, p. 233, *après le n°* 1230, *ajoutez :*

Mais la question de savoir si la partie de rivière où la pêche a eu lieu est ou non comprise dans un bail est de la compétence des tribunaux civils; c'est une question préjudicielle; les tribunaux correctionnels doivent surseoir à statuer sur le délit jusqu'à ce qu'elle ait été décidée.

S'il en est ainsi, lorsqu'il s'agit, entre deux adjudicataires de pêche dans une rivière navigable ou flottable, en vertu de baux administratifs, de la fixation de leurs cantonnemens respectifs (1), il en doit être de même, à plus forte raison, dans

---

(1) Arrêt du Tribunal des Conflits, du 29 mars 1851.

l'hypothèse que nous venons de présenter. Cette solution serait applicable au cas où il s'agirait d'un bail fait par une commune avec les formes prescrites pour les adjudications publiques.

T. IV, p. 233, *après le n°* 1231, *ajoutez :*

Il a été jugé, par arrêt du Conseil du 11 janvier 1851, qu'il n'y avait pas contravention de grande voirie dans le fait d'avoir construit un petit barrage sur la rivière d'Authion, affluente à la Loire.

T. IV, p. 236, *après la* 16e *ligne, ajoutez :*

La loi du 21 avril 1810 porte, art. 84, qu'un propriétaire ne peut continuer ou commencer une exploitation de tourbes dans son terrain, sans en avoir préalablement fait la déclaration à la sous-préfecture et obtenu l'autorisation.

L'art. 84 est ainsi conçu :

« Un règlement d'administration publique déterminera la direction générale des travaux d'extraction dans le terrain où sont situées les tourbes, celle des rigoles de dessèchement, enfin, toutes les mesures propres à faciliter l'écoulement des eaux dans les vallées et l'atterrissement des entailles tourbées. »

Comme on le voit, ces deux articles font une distinction entre l'exploitation sans autorisation et l'exploitation contraire aux conditions du règlement d'autorisation ; dans le premier cas, les travaux relatifs à la direction des eaux constitueraient des délits de la compétence de la police correctionnelle, puisqu'ils sont punissables d'une amende de 100 fr.

Dans le second cas, aucune peine n'étant édictée par la loi spéciale, les faits, les œuvres qui seraient contraires au règlement, rentreraient dans le droit commun et constitueraient de simples contraventions qui tomberaient sous la juridiction de la simple police, aux termes des art. 471, n° 15 du Code pénal, 137 et 138 du Code d'instruction criminelle.

Quant aux carrières, qui peuvent avoir une si grande influence sur la sécurité publique, sur l'existence des cours d'eau, des sources et fontaines publiques ou privées; sur l'existence et la solidité des usines, moulins, il semblerait résulter de l'art. 81 de la loi du 21 avril 1810, qu'une très-grande latitude serait accordée pour en ouvrir et pour les exploiter, puisque aucune permission préalable n'est exigée. Cependant, les exploitations sont assujetties par ce même article à la surveillance de la police et à l'observation des lois ou règlemens généraux et locaux, ce qui comprend, non-seulement les règlemens anciens, mais encore les règlemens postérieurs à cette loi, et ce qui nous conduit à décider que pour les règlemens anciens, il faut appliquer les peines et les règles de compétence administrative ou judiciaire de police, déterminées par ces règlemens, et pour les nouveaux qui n'auraient rien réglé, il faudrait appliquer les art. 137, 138 du Code d'instruction criminelle, 471, n° 15, du Code pénal, et recourir au tribunal de simple police.

Ainsi, des arrêts du Conseil, des 23 décembre 1690, 14 mars 1741, 5 avril 1772, déterminent à quelle distance des plantations des routes ou des forêts, les carrières peuvent être ouvertes.

Des décrets impériaux des 22 mars, 4 juin 1813, et une ordonnance royale du 21 octobre 1814, contiennent des règlemens sur l'exploitation des carrières de pierre calcaire, à bâtir, plâtrières, glaisières, sablonnières, marnières, crayères, pour les départemens de Seine et Seine-et-Oise. Ils portent tous que de pareilles exploitations sont interdites dans Paris. L'un des décrets du 22 mars 1813 porte que nul ne peut, à peine d'amende, ouvrir ces exploitations sans en avoir demandé et obtenu l'autorisation. L'article 30 fixe à 150 fr. de maximum et 50 fr. de minimum, et au double en cas de récidive, les amendes à prononcer pour les contraventions à ce décret, et l'article suivant attribue aux conseils de préfecture la répression de ces contraventions, la condamnation aux amendes sans préjudice des dommages-intérêts.

Il est certain que l'administration n'autoriserait les exploitations qu'en ménageant les intérêts des divers propriétaires d'usines, prairies, cours d'eau, étangs, sources et fontaines.

D'anciens règlemens sur les carrières contiennent des dispositions spécialement applicables à la conservation des eaux de Paris. Un arrêt du Conseil, du 9 mars 1633, défend de faire des fouilles à moins de 29 mètres 24 centimètres (15 toises), des conduits, des fontaines et autres ouvrages. Deux autres arrêts, des 22 juillet 1669 et 4 juillet 1777, portent défense à tous carriers, entrepreneurs, ouvriers et autres, de fouiller ou faire fouiller, ni tirer pierres ou moellons, de former, établir aucuns édifices, clotures, plantations ou cultures sur tout le cours de l'aqueduc d'Arcueil, depuis sa naissance jusqu'à sa décharge dans Paris, à une distance moindre que de 15 toises, mesurées à côté dudit aqueduc, à partir de la clef de la voûte, à peine de 1,500 fr. d'amende et de démolition des constructions et plantations aux frais des contrevenans, trois jours après l'avertissement qui leur sera donné.

Mais dans la pratique, l'administration municipale n'exécute les règlemens qu'avec tolérance; non-seulement elle autorise à la distance de 6 mètres 50 les plantations et travaux autres que les fouilles de carrières et les puisards, mais encore elle autorise quelquefois la construction ou l'établissement deconstructionsau-dessus des ouvrages hydrauliques, à la condition de prendre certaines précautions, par exemple, de ne point établir ces constructions sur le vide des voûtes, des aqueducs, sur les conduites et sur les pierrées, et d'en reporter le poids sur les fondations, au moyen d'arcsde décharge. Elle puise d'ailleurs dans la généralité des termes du décret du 22 mars 1813, au moins quant aux carrières, toute la latitude possible pour exiger une plus grande distance ou tolérer une distance moindre que celle fixée par les anciens règlemens.

Au surplus, comme nous l'avons dit, p. 120 et 141 (et l'importance des eaux de Paris nous engage à revenir sur ce point en ajoutant de nouveaux développemens), les eaux de Paris sont placées sous l'empire d'une législation spéciale. Un décret du 4 septembre 1807 réunit en une seule administration les eaux des pompes hydrauliques de Notre-Dame et de la Samaritaine, des Prés-Saint-Gervais, Rungis et Arcueil et celles du canal de l'Ourcq. Il porte, en outre, que l'administration de ces eaux appartient au préfet de la Seine, sous la surveillance du directeur-général des ponts-et-chaussées et l'autorité du ministre de l'intérieur (aujourd'hui le ministre des travaux publics) ; que tous les travaux dependant de cette administration seront projetés, autorisés et exécutés dans les formes usitées pour les travaux des ponts-et-chaussées, et que la comptabilité des mêmes travaux sera soumise aux mêmes formes. (Voy. aussi décret du 2 février 1812.) Ainsi, hors du territoire même de la ville de Paris les ouvrages servant à la conduite des eaux destinées à l'assainissement, à la décoration de la cité et à l'usage des habitans, sont administrés par le préfet de la Seine et assujettis à la surveillance des agens municipaux. Ces ouvrages, aussi bien que les eaux qu'ils recueillent et amènent dans la capitale, sont imprescriptibles (1), et en dehors des règlemens sur la matière, ils ne sauraient faire l'objet d'entreprises ou de concessions dont profiteraient des particuliers. (Voy. un bon ouvrage sur les travaux publics, que vient de publier M. Husson, chef de bureau à la préfecture du département de la Seine.)

---

(1) Edit du 9 octobre 1392, lettres-patentes du 14 mai 1554, arrêt du Conseil du 23 juillet 1594, lettres-patentes du 19 décembre 1608, édit du 21 juin 1624.

Nous ajouterons ici, en terminant notre travail, que lorsque les tribunaux de police simple ou de police correctionnelle trouvent le sens des ordonnances, décrets ou arrêtés réglementaires généraux ou spéciaux des cours d'eau, des moulins, usines, barrages, vannes, irrigations, douteux, et qu'il y a lieu de les interpréter, ils doivent surseoir à statuer sur les contraventions ou délits, et renvoyer préalablement devant les autorités dont les actes administratifs sont émanés pour qu'elles les interprètent. Nous ferons remarquer aussi que l'interprétation d'une ordonnance royale, d'un décret de l'empire, du gouvernement provisoire de 1848 ou du chef du pouvoir exécutif, peut être demandée au Conseil-d'Etat, soit par la voie administrative, soit par la voie contentieuse, comme dans le cas prévu p. 140, et ainsi que l'ont décidé beaucoup d'arrêts du Conseil et notamment celui du 1er juin 1849, rapporté au *Recueil* de MM. Félix Lebon et Gauté, 1849, p. 265.

FIN DU SUPPLÉMENT.

TABLE DES MATIÈRES.

ADDITIONS NOUVELLES

DÉCENTRALISATION ADMINISTRATIVE.

A peine avions-nous publié notre *Supplément* ou 5e volume du *Régime des Eaux*, que les conditions du pouvoir gouvernemental en France ont subi une nouvelle transformation et qu'un décret du 25 mars 1852, ayant force de loi aux termes de la constitution du 14 janvier précédent, est venu opérer ce qu'on a appelé la décentralisation administrative. Nous ne discuterons ni ne jugerons cette mesure, nous nous bornerons à dire que la rédaction du décret qui la contient laisse beaucoup à désirer sur plusieurs points, et à faire des vœux pour que la jurisprudence ou de nouvelles dispositions expliquent, complètent ou réforment celles du décret du 25 mars, que nous allons reproduire avec quelques observations, pour faire connaître les changements apportés à l'état de choses antérieur, en ce qui concerne les cours d'eau en général et les établissements dangereux ou insalubres.

Voici le texte par extraits du décret :

« Louis-Napoléon, président de la République, considérant que depuis la chute de l'Empire, des abus et des exagérations de tout genre ont dénaturé le principe de notre centralisation administrative, en substituant à l'action prompte des autorités locales les lentes formalités de l'administration centrale ; considérant qu'on peut gouverner de loin, mais qu'on n'administre bien que de près; qu'en conséquence autant il importe de centraliser l'action gouvernementale de l'Etat, autant il est nécessaire de décentraliser l'action purement administrative; sur le rapport du ministre de l'intérieur, le Conseil des ministres entendu;

« Décrète : Art. 1er Les préfets continueront de soumettre à la décision du ministre de l'intérieur les affaires départementales et communales qui affectent directement l'intérêt général de l'Etat, telles que l'approbation des budgets départementaux, les impositions extraordinaires et les délimitations territoriales; mais ils statueront désormais sur toutes les autres affaires départementales et communales qui jusqu'à ce jour exigeaient la décision du chef de l'Etat ou du ministre de l'intérieur, et dont la nomenclature est fixée par le tableau A ci-annexé.

« Art. 2. Ils statueront également, sans l'autorisation du ministre de l'intérieur, sur les divers objets concernant les subsistances, les encouragements à l'agriculture, l'enseignement agricole et vétérinaire, les affaires commerciales et la police sanitaire et industrielle dont la nomenclature est fixée par le tableau B ci-annexé.

« Art. 3. Les préfets statueront en conseil de préfecture, sans l'autorisation du ministre des finances, mais sur l'avis ou la proposition des chefs de service, en matière de contributions indirectes, en matières domaniales et forestières, sur les objets déterminés par le tableau C ci-annexé.

« Art. 4. Les préfets statueront également, sans l'autorisation du ministre des travaux publics, mais sur l'avis ou la proposition des ingénieurs en chef, et conformément aux règlements ou instructions ministérielles, sur tous les objets mentionnés dans le tableau D ci-annexé.

« Art. 6. Les préfets rendront compte de leurs actes aux ministres compétents dans les formes et pour les objets déterminés par les instructions que ces ministres leur adresseront.

« Ceux de ces actes qui seraient contraires aux lois et règlements, *ou qui donneraient lieu aux réclamations des parties intéressées*, pourront être annulés ou réformés par les ministres compétents.

« Art. 7. Les dispositions des art. 1, 2, 3, 4 et 5 ne sont pas applicables au département de la Seine, *en ce qui concerne l'administration départementale proprement dite et celle de la ville et des établissements de bienfaisance de Paris* (1). »

Dans le tableau A nous lisons ce qui suit :

« N° 51. Cours d'eau non navigables ni flottables, en tout ce qui concerne leur élargissement et leur curage. »

Dans le tableau B, nous trouvons ce qui suit :

« 8° Autorisation des établissements insalubres de première classe, dans les formes déterminées pour cette nature d'établissements et avec les recours existants aujourd'hui pour les établissements de deuxième classe.

« 9° Autorisation de fabriques et ateliers

---

(1) Le texte primitif, inséré au *Bulletin des Lois*, s'arrêtait au mot SEINE : mais un erratum inséré aussi au *Bulletin des Lois*, à la suite du *Bulletin* 524, n° 4017 et p. 1180, y a ajouté les mots en italique que nous rapportons.

dans le rayon des douanes, sur l'avis conforme du directeur des douanes. »

Dans le tableau C, nous lisons :

« 10° Travaux à exécuter dans les forêts communales ou d'établissements publics pour la recherche ou la conduite des eaux, la construction des récipients et autres ouvrages analogues, lorsque ces travaux auront un but d'utilité communale. »

Le tableau D contient les énonciations suivantes :

« 1° Autorisation sur les cours d'eau navigables ou flottables, de prises d'eau faites au moyen de machines, et qui, eu égard au volume du cours d'eau, n'auraient pas pour effet d'en altérer sensiblement le régime ;

« 2° Autorisation des établissements temporaires sur lesdits cours d'eau, alors même qu'ils n'auraient pas pour effet de modifier le régime ou le niveau des eaux, fixation de la durée de la permission ;

« 3° Autorisation sur les cours d'eau non navigables ni flottables de tout établissement nouveau, tel que moulin, usine, barrage, prise d'eau d'irrigation, patouillet, bocard, lavoir à mines ;

« 4° Régularisation de l'existence desdits

établissements lorsqu'ils ne sont pas encore pourvus d'autorisation régulière ou modification des règlements déjà existants;

« 5° Dispositions pour assurer le curage et le bon entretien de cours d'eau non navigables ni flottables de la manière prescrite par les anciens règlements ou d'après les usages locaux. Réunion, s'il y a lieu, des propriétaires intéressés en associations syndicales;

« 6° Constitution en associations syndicales des propriétaires intéressés à l'exécution et à l'entretien des travaux d'endiguement contre la mer, les fleuves, rivières et torrents navigables ou non navigables, de canaux d'arrosage ou de canaux de dessèchement, lorsque ces propriétaires sont d'accord pour l'exécution desdits travaux et la répartition des dépenses;

« 7° Autorisation et établissement des débarcadères sur les bords des fleuves et rivières pour le service de la navigation, fixation des tarifs et des conditions d'exploitation de ces débarcadères;

« 8° Approbation de la liquidation des plus-values ou des moins-values en fin de bail du matériel des bacs affermés au profit de l'Etat;

« 9° Autorisation et établissement des bateaux particuliers. »

Le décret précité apporte, comme on le voit, de notables changements au régime antérieur et doit nous faire modifier ce que nous avons dit, notamment p. 75 à 80 et 112.

Ainsi les autorisations de moulins et usines, de barrages, de prise d'eau, les règlements particuliers d'irrigation, de curage sur cours d'eau non navigables ni flottables, seront désormais valablement faits ou accordés par arrêtés des préfets.

Ce n'est pas à dire pour cela que ces fonctionnaires puissent tout décider, tout faire en cette matière, souverainement et sans appel.

D'abord, le décret ne parle pas des règlements généraux; ensuite, comme cela résulte de l'art. 6, § 1er, les ministres ont le pouvoir de leur imposer, par des instructions, l'obligation de leur soumettre les mesures qu'ils auront jugé à propos de prendre, soit sur toutes les branches de cette matière, soit sur quelques-unes d'elles, et d'annuler celles de ces mesures qui leur paraîtraient contraires aux lois et à la justice.

Enfin, et soit qu'il y ait ou qu'il n'y ait pas d'instructions imposant cette obligation aux préfets, les parties ont, dans tous les cas, le droit d'adresser au ministre compétent des réclamations contre tous les actes des préfets, non-seulement comme contraires aux lois ou comme entachés d'excès de pouvoir, mais même comme contenant au fond des dispositions préjudiciables à leurs intérêts; dans le premier cas seulement, celui d'excès de pouvoir ou de violation des lois, les parties peuvent même déférer directement au Conseil-d'Etat les actes des préfets ou, si elles ont préféré s'adresser d'abord au ministre, elles peuvent déférer ensuite la décision ministérielle au Conseil-d'Etat.

De la généralité des termes de l'article, il faut inférer, en effet, que ce n'est pas seulement dans le cas où le ministre a donné aux préfets des instructions pour la communication de leurs actes à leur supérieur, que l'examen et la censure ministérielle peuvent avoir lieu; mais qu'il en est de même dans tous les cas où les parties jugent à propos d'en appeler à l'autorité supérieure; c'est là le droit commun. Il doit toujours y avoir, à moins d'exception formelle écrite dans la loi, deux degrés de juridiction, tant en matière civile qu'en matière administrative.

Le pouvoir de faire de nouveaux règlements emporte nécessairement celui de modifier, de changer les anciens, lors même qu'ils résulteraient d'anciennes ordonnances royales, d'anciens décrets impériaux, en un mot d'actes émanés de l'autorité souveraine; c'est là l'esprit, c'est aussi la lettre du décret du 25 mars 1852. Si les préfets ne pouvaient, avant ce décret, modifier les actes de l'autorité supérieure, c'est parce qu'ils n'avaient pas le pouvoir de faire *à priori* les actes de cette nature, et qu'ils ne pouvaient faire indirectement ce qu'il leur était interdit de faire directement. S'il en était autrement, la décentralisation n'atteindrait pas son but; en effet la plupart des rivières grandes et petites ayant été réglementées, il faudrait les excepter à perpétuité de l'exercice du pouvoir accordé au préfet.

Les préfets ont le pouvoir même de prescrire l'élargissement des cours d'eau.

Toutefois, il faut ici faire une distinction importante.

S'agit-il de rétablir l'ancienne largeur, en réprimant des anticipations successives ou des rétrécissements occasionnés par la négligence des riverains à entretenir leurs rives, à curer la rivière; alors le pouvoir du préfet s'exerce sans condition, mais non toutefois sans le contrôle du ministre que les particuliers peuvent toujours réclamer, ainsi que nous l'avons expliqué.

S'agit-il au contraire d'un élargissement ou redressement *à priori*, du sacrifice d'une partie de la propriété incontestablement acquise aux riverains ; alors c'est le cas d'une expropriation, et nous ne pourrions voir, dans l'arrêté du préfet prescrivant cet élargissement, qu'une déclaration d'utilité publique, qui ne pourrait s'exécuter qu'après expropriation prononcée par les Tribunaux, liquidation et payement d'une indemnité préalable dans les formes prescrite par nos lois.

Le décret porte que le préfet prendra des mesures pour assurer le curage conformément aux *anciens usages et règlements*. Certes, cela ne veut pas dire qu'il ne pourra pas faire lui-même un règlement nouveau; autrement le n° 51 du tableau A et le n° 5 du tableau C seraient en contradiction manifeste. La loi du 14 floréal an 11 porte que lorsque les usages ou règlements donneront lieu à des difficultés, ou que les circonstances exigeront des dispositions nouvelles, il y sera pourvu par un règlement d'administration publique. Et si aujourd'hui les règlements en matière de cours d'eau paraissent pouvoir être faits par les préfets, même sur les sujets les plus importants, on ne voit pas pourquoi le curage en serait excepté. Tout ce qui résulte de l'article en discussion, c'est que tant que le préfet n'aura pas reconnu la nécessité d'un règlement nouveau modificatif des usages et règlements existants, et qu'il n'aura pas procédé à ce nouveau règlement, il sera obligé, dans les mesures relatives au curage, de s'en tenir strictement à l'exécution ou observation des usages, ou règlements existants.

Le préfet devra aussi observer rigoureusement, dans la répartition de la dépense des travaux, les bases fixées par la loi du 14 floréal an 11, et imposer chaque contribuable à proportion de l'intérêt qu'il aura à ces travaux; s'il s'écartait de cette règle, le Conseil de préfecture et le Conseil-d'Etat, juges de la contestation, ne s'arrêteraient pas à des mesures qui seraient illégales ; c'est ce qui résulte d'un arrêt du Conseil du 16 avril 1852, rendu sur le pourvoi de la dame Crignon Bonvallet.

ALGÉRIE. — COLONIES. — COURS D'EAU.

Une loi du 16 juin 1851, sur la propriété en Algérie, contient, relativement aux cours d'eau, les dispositions suivantes qu'il faut rapprocher de ce que nous avons dit p. 158, à la note.

« Art. 2. Le domaine public se compose :

1° Des biens de toute nature que le Code civil et les lois générales de France déclarent non susceptibles de propriété privée;

2° Des canaux d'irrigation, de navigation et de desséchement exécutés par l'Etat, ou pour son compte, dans un but d'utilité publique et des dépendances de ces canaux; des aqueducs et des puits à l'usage du public;

3° Des lacs salés, des cours d'eau de toutes sortes et des sources.

Néanmoins sont reconnus et maintenus tels qu'ils existent les droits privés de propriété, d'usufruit ou d'usage légalement acquis antérieurement à la promulgation de la présente loi sur les lacs salés, les cours d'eau et les sources; et les tribunaux ordinaires restent seuls juges des contestations qui peuvent s'élever sur ces droits.

« Art. 3. L'exploitation et la jouissance des canaux, lacs et sources, pourront être concédés par l'Etat, dans les cas, suivant les formes et aux conditions qui seront déterminées par un règlement d'administration publique.

« Art. 19. L'expropriation peut être prononcée pour les causes suivantes;

Pour la fondation des villes, villages ou hameaux, ou pour l'agrandissement de leur enceinte ou de leur territoire;

Pour l'établissement des ouvrages de défense et des lieux de campement des troupes;

Pour l'établissement de fontaines, d'aqueducs, d'abreuvoirs;

Pour l'ouverture des routes, chemins, canaux de desséchement, de navigation ou d'irrigation, et l'établissement des moulins à farine;

Pour toutes les autres causes prévues et déterminées par la loi française. »

Un décret du 15 janvier 1853 déclare qu'en attendant le sénatus-consulte organique de la constitution coloniale, les lois des 29 avril 1845 et 11 juillet 1847, sur les irrigations, seront exécutoires dans les colonies.

Ces lois sont aussi, et étaient avant ce décret applicables à l'Algérie.

PÊCHE. — COURS D'EAU NON NAVIGABLES NI FLOTTABLES.

Les numéros 853, 854, 861 et 862, 3e volume, nous paraissent devoir être entendus ou modifiés comme il suit :

L'art. 2 de la loi du 15 avril 1829 sur la pêche fluviale accorde le droit de pêche dans les rivières et cours d'eau non navigables ni flottables aux propriétaires riverains des deux côtés, jusqu'au milieu du cours de l'eau, et ajoute cette exception : sauf les droits contraires résultant de possession ou de titres.

Les droits contraires peuvent d'abord résulter de la propriété du lit en faveur d'un des riverains. Supposons par exemple le cas d'un canal fait de main d'homme pour conduire les eaux à un moulin. Certes, alors le droit de pêche sur toute l'étendue du lit artificiel, appartiendra exclusivement au propriétaire du moulin, et cela lors même qu'il n'aurait pas les francs bords, car ce n'est pas à la possession des rives, à la qualité de propriétaire des rives que le droit est attaché, mais bien au droit sur le lit du cours d'eau qui emporte droit sur ce cours d'eau, puisque la propriété du sol emporte la propriété du dessus (art. 552, C. civ.), et ce qui le prouve c'est que le droit de pêche dans les rivières navigables et flottables appartient à l'Etat, quoiqu'en général les rives ou francs bords ne lui appartiennent pas et soient au contraire la propriété des particuliers qui sont même tenus de supporter la servitude de marchepied ou du chemin de hallage, partout où l'administration juge à propos de l'établir.

Nous donnerons la même solution dans le cas où le canal existe à titre de servitude d'aqueduc, parce que le propriétaire du sol est exempt de l'entretien et n'a aucun droit aux eaux qui y coulent.

Supposons ensuite que le cours d'eau soit purement naturel, mais que le propriétaire des terres situées à droite et à gauche du bief naturel et du moulin, en vendant seulement le moulin sans les terres, déclare aussi vendre le droit de pêche dans tout le cours d'eau, ce sera encore là une convention valable et à l'égard du vendeur et à l'égard des acquéreurs, auxquels il transmettrait plus tard la propriété de ces terres.

Nous croyons qu'il en serait de même du cas où il déclarerait formellement vendre le cours d'eau; car il faudrait bien donner effet à une pareille stipulation, et en supposant qu'elle ne liât point l'administration et ne fît point obstacle à son pouvoir de police et de distribution des eaux, elle serait assurément obligatoire pour le particulier qui aurait vendu et tiré un prix de la vente, et pour ses représentants.

Or, la vente du cours d'eau doit ajouter quelque chose au droit commun. On ne pourrait réduire l'usinier à n'avoir que le droit d'user des eaux pour les besoins de son moulin, droit qui est commun et ordinaire à tous ceux qui ont des biens sur ou le long des rivières; évidemment le vendeur a voulu se dévêtir d'un droit inhérent à sa propriété pour le conférer à son acquéreur; or la propriété est le droit de jouir et disposer des choses de la manière la plus entière. Il n'a pas eu besoin de déclarer spécialement qu'il vendait le droit de pêche; car la propriété du cours d'eau les comprend tous. Cette généralité vaut bien mieux qu'une désignation qui peut être incomplète. Qui dit tout n'excepte rien. Et certes, l'exercice de la pêche est un des attributs du cours d'eau; le poisson naît, vit, grandit dans l'eau. Sans eau il n'y aurait pas de poisson. La vente du cours d'eau, même sans transmission de la propriété du lit, emporte donc vente du droit de pêche, comme de tous les avantages résultant du cours d'eau. C'est aussi l'opinion que M. Proudhon paraît adopter, *Domaine public*, nos 888, 1248. Voyez encore M. Merlin, v° *Pêche*, son 1, § 1, n° 3.

A plus forte raison devrait-on admettre cette solution dans le cas où le propriétaire simultané du moulin et des terres en amont, aliénerait avec le moulin, les terres d'une des rives, ne conservant que celles qui se trouveraient sur la rive opposée.

MM. Proudhon, nos 1249, 1250, et Pardessus, *des Servitudes*, n° 108, décident avec raison qu'un des riverains peut acquérir par prescription ou par titre le droit de pêche dans toute la largeur de la rivière, à l'exclusion du propriétaire des héritages situés sur la rive opposée. M. Favard de Langlade, commissaire du gouvernement, dans l'exposé des motifs de la loi du 15 avril 1829 à la chambre des députés, disait que l'art. 2 avait dû consacrer la règle de la division égale du droit de pêche entre les propriétaires d'un et d'autre bord, mais que les intéressés étaient les maîtres de déroger à ce principe et de régler différemment leurs droits. Or, très-certainement, lorsque le vendeur aura déclaré vendre la propriété du moulin, des terres de l'une des rives et du *Cours d'eau,* qu'il ne se sera fait la réserve d'aucun droit sur ce cours d'eau, il ne pourra prétendre en user, en tirer avantage d'une manière quelconque, soit en y faisant des prises d'eau, soit en y pêchant ou chassant; et en effet s'il ne peut en détourner une partie, pourquoi pourrait-il y pêcher ou y chasser? Ces deux derniers actes de jouissance ne sont-ils pas comme le premier des attributs, des conséquences de la propriété? Que s'il pouvait y avoir doute à cet égard, le doute devrait s'interpréter contre le vendeur (art. 1602, C. civ.). Mais, à notre avis, il ne peut y en avoir; et lorsque le vendeur viendra à aliéner les propriétés de l'autre rive, le second acquéreur, qui ne peut avoir plus de droit que son vendeur, sera obligé de supporter les effets de la première aliénation et de s'abstenir de la pêche.

Nous avons raisonné comme si le vendeur, en déclarant aliéner le cours d'eau dont le lit est naturel, n'avait pas entendu aliéner aussi le lit qui renferme le liquide; mais nous croyons qu'il avait droit d'aliéner ce lit et nous pensons que les mots cours d'eau embrassent le contenant comme le contenu, car il n'y a pas de cours d'eau sans lit pour le recevoir, comme un lit sans eau ne ferait pas un cours d'eau. C'est évidemment dans ce sens que les expressions *Cours d'eau* sont prises dans les divers articles du décret du 25 mars ; ajoutons que quand on parle d'une rivière, qui est synonyme de cours d'eau, on entend nécessairement le lit; c'est en ce sens qu'on dit qu'il n'y a pas d'eau dans la rivière.

Un arrêt de la cour d'appel de Caen, du 25 25 juillet 1848 (De Villeneuve, 1849, 2e ple, p. 708), a consacré une dérogation fort juste au principe général sur les droits des riverains. Un fonds, traversé par un cours d'eau artificiel, avait été divisé entre plusieurs particuliers. Toute la pêche se faisait sur un seul point, au moyen de barrages et d'écluses. Le propriétaire des fonds riverains de cette partie du cours d'eau, prétendait avoir le droit exclusif d'y pêcher, en vertu de l'art. 2 de la loi du 25 avril ; mais l'arrêt a déclaré la pêche commune à tous les propriétaires dans toute l'étendue du cours d'eau.

Tout ce que nous venons de dire de la pêche s'appliquerait aussi à la chasse sur le cours d'eau, au fusil ou autrement, des poissons ou des oiseaux, canards sauvages, etc.

Il résulte de l'art. 5 de la loi du 15 avril 1829, que nul ne peut pêcher sans la permission de celui qui a le droit de pêche, même à la ligne flottante tenue à la main, dans les ruisseaux et cours d'eau non navigables, ni flottables, et ne dépendant pas des rivières navigables ou flottables, quels que soient d'ailleurs ceux à qui ils appartiennent, c'est-à-dire qu'ils soient la propriété de l'Etat, des départements, des communes ou des particuliers, parce que c'est à la nature du cours d'eau, et non à la qualité de son propriétaire, que la loi s'attache.

Nous trouvons un exemple à l'appui de cette solution dans un arrêt de la Cour de cassation du 4 juillet 1846. (De Villeneuve, 1847-1-72.) Il s'agissait d'un fait de pêche à la ligne dans un ruisseau traversant une forêt domaniale. Le préfet paraissait l'avoir autorisé. La Cour l'a déclaré punissable, malgré l'arrêté du préfet, approuvé par ordonnance royale, parce qu'il n'aurait pu déroger à la loi.

Un arrêt du conseil, du 21 juin 1850, a décidé que la question de savoir si un bras d'eau naturel, non navigable, ni flottable, est une dépendance de la rivière navigable ou flottable, était de la compétence de l'autorité administrative; mais que la question du droit de pêche, antérieur à la décision de l'administration, était de la compétence des tribunaux. C'est l'application du principe qui confère à l'administration le pouvoir de déclarer la consistance du domaine public, et de le délimiter d'avec la propriété privée, sous la réserve du droit de propriété et d'indemnité qui doit être jugé par les tribunaux.

BACS, BATEAUX. — COMPÉTENCE. — AUTORISATION.

Le n° 9 du tableau D, du décret du 25 mars, parle d'autorisation d'établir des bateaux particuliers sur les rivières; mais il est évident que cette disposition ne s'applique qu'aux rivières navigables et flottables et n'a voulu assujettir à la nécessité d'une autorisation préalable que les bacs publics et les bateaux à l'usage des particuliers qu'on voudrait établir sur ces rivières; les particuliers ont toujours pu et peuvent encore en établir librement pour leur usage sur les rivières non navigables ni flottables, ainsi que nous l'avons démontré dans le premier volume de notre *Régime des eaux;* et la Cour de cassation, par un arrêt du 9 juillet 1851, avait consacré cette doctrine dans une espèce où un particulier avait, pour l'exploitation d'un domaine, établi un bateau sur la Vienne à un point où cette rivière n'était pas navigable.

Nous avons même soutenu, dans notre *Régime*

des eaux, qu'un particulier pouvait établir, sans autorisation, sur un canal ou sur une rivière non navigable un bateau servant à l'usage du public, et fixer avec les passagers le prix de la rétribution. Cette solution nous paraissait conforme à la liberté des transactions et aux règles sur l'exercice du droit de propriété. Nous ne voyons, dans le décret du 25 mars, rien de contraire à cette solution qui ne fait pas d'ailleurs obstacle à la surveillance et à toutes les mesures de la police.

L'arrêt précité décide, en outre, que la question élevée par le concessionnaire d'un pont, de savoir si le particulier qui a établi le bateau est en contravention appartient aux tribunaux. C'est une jurisprudeuce constante.

MOULINS. — EXISTENCE LÉGALE. — ACTIONS.

La substitution d'une prise d'eau intermittente ou par éclusées à une prise d'eau permanente, de la part du propriétaire du moulin supérieur, constitue une innovation dommageable à la possession du propriétaire d'un moulin inférieur, et autorise ce dernier à intenter l'action possessoire. (Arrêt de la Cour de cassation, du 3 août 1852 — de Villeneuve, 1852-1-652.) Dalloz. — *Journal du Palais*.

Les moulins bâtis sur cours d'eau privés avant 1790, en vertu de permissions des anciens seigneurs, ayant une existence légale, ne peuvent être détruits ou mis en chômage sans indemnité.

Mais si des augmentations y ont été ajoutées postérieurement sans autorisation de l'autorité administrative, ces augmentations ne peuvent donner lieu à une indemnité, lors même qu'elles auraient été permises par les seigneurs avant 1790. Les impétrants ou concessionnaires auraient à se reprocher de n'avoir pas profité des anciennes permissions dans toute leur étendue, avant l'abolition du régime féodal.

(Voy. deux arrêts du Conseil, des 22 et 29 novembre 1851, rapportés par Félix Lebon et Gauté du Gers. Voy. aussi notre 5e vol. p. 80, 81, 84.)

Le Conseil-d'Etat persiste à considérer même la suppression totale de la force motrice d'une usine comme un simple dommage dont l'indemnité doit être réglée par le Conseil de préfecture. (Arrêts des 13 août 1851 et 28 mai 1852.)

Le second arrêt décide en outre : 1° Que la fixation d'indemnité due pour les terrains et bâtiments appartient aux tribunaux, parce qu'il y a expropriation de ces derniers objets ; 2° que les forces motrices de moulins établis sur rivières navigables et flottables depuis l'édit de 1566, et qui n'ont pas fait l'objet d'une vente nationale avec énonciation d'une chute d'eau déterminée n'ont pas d'existence légale; que par conséquent leur suppression pour utilité publique ne peut donner lieu à indemnité.

D'après le décret du 25 mars, les préfets ne peuvent autoriser sur les rivières navigables que certaines prises d'eau ou des établissements temporaires.

ILE. — ÉTANG. — LAIS. — RIVAGES. — ACTION JUDICIAIRE.

Une île et ses atterrissements en rivière navigable et flottable peuvent donner lieu à une action possessoire ou pétitoire entre particuliers ou avec l'Etat, sans préjudice du pouvoir de délimitation qui appartient à l'administration. Même solution pour un étang voisin de la mer. (Arrêts du conseil du 26 juin 1852.)

Les lais et relais de la mer sont aliénables et prescriptibles; les rivages ne le sont qu'après délimitation par le gouvernement. (Arrêt de la Cour de cassation du 17 novembre 1852. — Voy. tome 1er, nos 39 et 40.)

Celui qui ne possédait une île qu'à titre d'usager, même avant l'édit de 1693, n'a pu changer ce titre ni devenir propriétaire de cette île. (C. C., 12 mai 1852.)

INTÉRÊTS PRIVÉS. — COMPÉTENCE.

Les tribunaux sont seuls compétents pour statuer sur débats d'intérêts privés, même lorsqu'il s'agit de l'application de règlements administratifs, pourvu qu'ils n'aient pas besoin d'interprétation. (Cour de cassation, 24 août 1852. — Arrêt du conseil du 14 juin 1852.) — Voy. tome 5, pages 145, 149 et suivantes.

ÉTABLISSEMENTS INSALUBRES, INCOMMODES.

L'autorisation d'un établissement insalubre ou incommode, accordée par l'administration, ne fait pas obstacle à l'action en dommages-intérêts devant les tribunaux, mais seulement de la part de ceux qui éprouvent, de l'exploitation de cet établissement, un préjudice excédant celui que le voisinage oblige à supporter.

(Arrêt de la Cour de cassation du 28 février 1848. — De Villeneuve, 1848-1-311.)

Nous ne dirons rien de plus ici, de ces établissements, M. Avisse en ayant traité ex-professo dans son opuscule sur la décentralisation administrative, qui fait suite à son remarquable ouvrage sur les industries dangereuses, incommodes ou insalubres.

Imprimerie de Pillet fils aîné, rue des Grands-Augustins, 5.

www.ingramcontent.com/pod-product-compliance
Ingram Content Group UK Ltd.
Pitfield, Milton Keynes, MK11 3LW, UK
UKHW021139260726
13994UKWH00001B/210